ACOLHENDO
CRIANÇAS E ADOLESCENTES
Experiências de Promoção de Direito à Convivência Familiar e Comunitária no Brasil

Dados Internacionais de Catalogação na Publicação (CIP)
(Câmara Brasileira do Livro, SP, Brasil)

Acolhendo crianças e adolescentes : experiências de promoção do direito à convivência familiar e comunitária no Brasil / Irene Rizzini ; Irma Rizzini, Luciene Naiff, Rachel Baptista (coordenação). — São Paulo : Cortez ; Brasília, DF : UNICEF ; CIESPI ; Rio de Janeiro, RJ : PUC-RIO, 2006.

Bibliografia.
ISBN 978-85-249-1230-6

1. Adolescentes - Acolhimento domiciliar temporário 2. Convivência 3. Crianças - Acolhimento domiciliar temporário 4. Família - Aspectos sociais 5. Política social 6. Vida comunitária 7. Vida familiar I. Rizzini, Irene. II. Rizzini, Irma. III. Naiff, Luciene. IV. Baptista, Rachel. V. Título.

06-6590 CDD-362.732

Índices para catálogo sistemático:

1. Acolhimento de crianças e adolescentes : Bem-estar social 362.732
2. Acolhimento de crianças e adolescentes : Medidas de proteção : Bem-estar social 362.732

Irene Rizzini (coord.)
Irma Rizzini
Luciene Naiff
Rachel Baptista

ACOLHENDO
CRIANÇAS E ADOLESCENTES

Experiências de Promoção de Direito à Convivência Familiar e Comunitária no Brasil

2ª edição
4ª reimpressão

CORTEZ EDITORA
unicef
ciespi
PUC RIO

ACOLHENDO CRIANÇAS E ADOLESCENTES
Irene Rizzini (coord.)
Irma Rizzini, Luciene Naiff, Rachel Baptista

Realização: Fundo das Nações Unidas para Infância
Representante no Brasil, Marie-Pierre Poirier
Oficial de Proteção, Alison Sutton
Consultoria: Claudia Cabral (Diretora Executiva da Associação Brasileira Terra dos Homens)
Comentários: Myrian Veras Batista (PUC-SP, Departamento de Serviço Social, São Paulo);
Jane Valente (Diretora do Projeto Sapeca, Campinas, São Paulo)

Capa: UNICEF/BRZ/Mila Petrillo
Preparação dos originais: Jaci Dantas
Revisão: Maria de Lourdes de Almeida
Composição: Dany Editora Ltda.
Assessoria editorial: Elisabete Borgianni
Secretária editorial: Priscila F. Augusto
Coordenação editorial: Danilo A. Q. Morales

Direitos para esta edição
CORTEZ EDITORA
Rua Bartira, 317 — Perdizes
05009-000 — São Paulo-SP
Tel.: (11) 3864-0111 Fax: (11) 3864-4290
E-mail: cortez@cortezeditora.com.br
www.cortezeditora.com.br

UNICEF
Fundo das Nações Unidas para a Infância
Escritório da Representante do UNICEF no Brasil
SEPN 510 — Bloco A — Ed. Inan — 2º andar
Brasília-DF — CEP: 70750-521
Tel.: (61) 3035-1900 Fax: (61) 6163-4275
www.unicef.org./brasil

Impresso no Brasil — fevereiro de 2018

Agradecimentos

Agradecemos a todos que participaram das discussões que provocamos em várias partes do país, através de nossas entrevistas, debates em sala de aula e em diversos seminários. As pessoas que ouvimos para esta pesquisa nos confiaram um legado de grande valor, falando-nos de suas convicções e de suas experiências bem-sucedidas ou não.

Seus depoimentos muito nos tocaram. Eles revelaram grande coragem em inovar, seriedade nas propostas e profundo engajamento na luta pela garantia dos direitos dos cidadãos brasileiros — em especial as crianças, os adolescentes e aqueles que têm seus direitos violados em nossa sociedade.

Ao repassá-los a vocês, esperamos estar fazendo jus a tudo que escutamos.

Agradecemos, ainda, ao convite que nos foi feito pelo UNICEF, Brasília, através de Alison Sutton, Oficial de Projetos na área de Proteção à Infância, para realizar a pesquisa que constitui a base empírica deste livro. Alison muito nos inspirou, mantendo conosco um diálogo sistemático. Esta pesquisa dá continuidade ao livro que publicamos em 2004, também a convite do UNICEF, intitulado *A institucionalização de crianças no Brasil: percurso histórico e desafios do presente* (Edições Loyola e Editora PUC-Rio). Esses dois exercícios nos deram a oportunidade de aprofundar a reflexão na busca de caminhos que viabilizem a promoção do direito de crianças e adolescentes brasileiros a conviverem com suas famílias e comunidades.

Nossa gratidão a Claudia Cabral, Myrian Veras Batista e Jane Valente por sua leitura atenta dos nossos manuscritos. Por fim, aos parceiros da PUC-Rio, em especial do Departamento de Serviço Social, e a cada um dos membros da equipe do CIESPI pelo apoio e estimulante troca pessoal e intelectual.

Sumário

Apresentação

Cada criança e adolescente tem o direito de crescer em família, na comunidade e sem violência. Mas sabemos que milhares de crianças e adolescentes no Brasil e no mundo vivem em instituições ou nas ruas. Pesquisas indicam que crianças são separadas das suas famílias, no Brasil, por motivos de pobreza e violência e pelas práticas equivocadas de 'proteção' que encaminham crianças para a institucionalização, em vez de buscar a superação da violação ou da crise que gerou o afastamento.

O Centro Internacional de Estudos e Pesquisas sobre a Infância, CIESPI, que conduziu o presente estudo, é conhecido por seu trabalho de pesquisa e ação sobre os elos significativos na vida de crianças e adolescentes. Nos últimos anos, o Centro vem desenvolvendo projetos que visam fortalecer as bases de apoio familiares e comunitárias de crianças e adolescentes, tendo como um dos focos evitar que estes sejam afastados desnecessariamente de seus contextos.

O UNICEF teve a felicidade de estimular e apoiar uma pesquisa e publicação do CIESPI, sobre a história da "Institucionalização de Crianças no Brasil".[1] O foco desta publicação, porém, está na sistematização de experiências alternativas no momento da ameaça de violação de direitos ou de ruptura de vínculos familiares, que protegem a criança sem embarcar num processo inexorável de institucionalização.

1. *A institucionalização de crianças no Brasil: percurso histórico e desafios do presente*, Irene Rizzini e Irma Rizzini. CIESPI/UNICEF. Rio de Janeiro: Ed. PUC-Rio, São Paulo: Loyola, 2004.

Os anos de experiência e a autoridade sobre a temática permitiram às autoras um estilo instigante, que convida cada um de nós a refletir sobre as nossas formas de interagir com a criança ou com o adolescente e estes com as suas famílias. O livro, organizado em seis capítulos, começa nos convidando a construir formas de proteção especial a crianças e adolescentes já em situação de violação, sem privá-los de um ambiente familiar. Nos três capítulos seguintes, as linhas mestras, de aproximadamente 30 experiências examinadas, foram extraídas para oferecer indicativos de um leque de opções de atendimento na família de origem, família extensa, família acolhedora e abrigo que visam a superação de violações, o fortalecimento de vínculos familiares e o retorno à família de origem, nuclear, ou extensa.

As autoras concluem analisando os avanços e desafios de atendimento "em rede" no Brasil. Um atendimento focado na proteção integral, necessariamente, envolve abordagens integradas e intersetoriais. Elas apontam uma série de desafios como a descontinuidade das políticas, lacunas no atendimento ao adolescente, entre outros, e nos provoca a superá-los.

Com o estímulo e apoio a esta publicação, o UNICEF espera contribuir para a ampliação das perspectivas de gestores municipais e estaduais, operadores do Sistema de Garantia de Direitos da Criança e do Adolescente e a sociedade civil, no intuito de promover o direito de cada criança e adolescente a viver em família e a crescer sem violência.

MARIE-PIERRE POIRIER

Representante do UNICEF no Brasil

Prefácio

Fazer valer o direito de crianças e adolescentes à convivência familiar e comunitária é uma das prioridades da cooperação do Fundo das Nações Unidas para a Infância – UNICEF com o Brasil, desde 2002. Viver em família e na comunidade é um direito assegurado pela Constituição brasileira e pelo Estatuto da Criança e do Adolescente, mas até agora pouco trabalhado no âmbito das ações de proteção integral à infância e à juventude.

Desenvolver e estimular a produção de conhecimentos que alimentem o debate dos gestores públicos e da sociedade civil nesta área tem sido uma das linhas de atuação do UNICEF. Foi com este intuito que também apoiou a realização de um estudo e publicação sobre a *História da institucionalização de crianças no Brasil*.[1] No curso deste propósito, o UNICEF também vem incentivando, em nível nacional, a elaboração de uma nova política de proteção à infância, traduzida na construção do Plano Nacional de Promoção de Defesa e Garantia dos Direitos de Crianças e Adolescentes à Convivência Familiar e Comunitária.[2] O Plano apre-

1. *A institucionalização de crianças no Brasil: percurso histórico e desafios do presente*. Irene Rizzini e Irma Rizzini. CIESPI/UNICEF. Rio de Janeiro: Ed. PUC-Rio; São Paulo: Loyola, 2004.

2. O UNICEF prestou assistência técnica à Comissão Intersetorial de Promoção do Direito de Crianças e Adolescentes à Convivência Familiar e Comunitária, composta por um grande grupo de instituições nomeadas por decreto presidencial para, de outubro de 2004 a abril de 2005, formular subsídios para o Plano Nacional, e aos Conselhos Nacionais dos Direitos da Criança e do Adolescente (CONANDA) e de Assistência Social (CNAS) na elaboração do Plano.

senta recomendações para a ampliação de políticas de apoio à família e o aprimoramento de medidas de proteção e de adoção. Oferece, ainda, uma reflexão sobre desafios importantes de interface entre o Sistema de Garantia de Direitos e o novo Sistema Único de Assistência Social, e outras políticas de Educação, Saúde e Emprego.

Acolhendo Crianças e Adolescentes vem a contribuir justamente em um momento em que as diretrizes do Plano Nacional começam a ser debatidas e implementadas nos municípios e estados.[3] A publicação instiga discussões e oferece lições sobre experiências brasileiras que apostam no fortalecimento dos vínculos familiares.

A publicação é um exemplo do esforço entre operadores das políticas, gestores e pesquisadores de universidades e seus grupos de estudo, na construção do diálogo entre a teoria, a prática e a formação. Para incentivar a produção científica destinada a subsidiar novas políticas públicas, o Plano Nacional dedica um eixo inteiro a análises de situação e sistemas de informação, propondo novas linhas de pesquisa sobre fatores que prejudicam ou favorecem a manutenção de vínculos familiares.

Buscando aprimorar ainda mais a elaboração das políticas específicas de convivência, o UNICEF estimula a troca e a sistematização de experiências de apoio a crianças e suas famílias, no que diz respeito à proteção especial, entre gestores de projetos governamentais e da sociedade civil em dez estados e em várias áreas metropolitanas.

A efervescência de debates sobre a garantia do direito de crianças e adolescentes à convivência familiar e comunitária também está acontecendo em nível internacional. O Comitê dos Direitos da Criança das Nações Unidas tem estimulado países e instituições a formular uma normativa internacional — na forma de Diretrizes Internacionais para a Proteção e o Cuidado Alternativo de Crianças Privadas de Cuidados Parentais. Esta iniciativa é atualmente liderada pelo Brasil, que acaba de

---

3. O Plano Nacional de Promoção, Proteção e Defesa do Direito de Crianças e Adolescentes à Convivência Familiar e Comunitária foi submetido à consulta pública entre maio e julho de 2006, tendo sido aprovado em dezembro do mesmo ano.

sediar[4] uma consulta intergovernamental de especialistas no tema, com vistas a aprimorar e apresentar a normativa na Assembléia Geral da ONU. Assim, as indagações muito bem-estruturadas pelas autoras nessa publicação, sobre como melhor acolher crianças e suas famílias, fazem parte de questionamentos e soluções que estão brotando no mundo inteiro.

As autoras merecem reconhecimento pela forma esclarecedora com a qual extraíram e relataram as lições das experiências examinadas. Também merecem nosso reconhecimento, os operadores dos programas e projetos aqui estudados. Sua criatividade, humanidade e persistência em encontrar e apresentar novas pistas, práticas e programas bem-sucedidos nesse delicado e sensível terreno da convivência familiar e comunitária de crianças e adolescentes, nos anima e desafia para o futuro.

Alison Sutton

Coordenadora de Proteção da Criança e do Adolescente, UNICEF Brasil

4. Brasília, agosto de 2006.

PARTE I

A família como direito fundamental

Capítulo 1

Pelo direito à convivência familiar e comunitária no Brasil

Este livro discute um assunto importante para o presente e para o futuro do Brasil: como garantir o direito de crianças e adolescentes à convivência familiar e comunitária? Detectadas situações de violação de direitos, o que fazer para evitar que sejam afastados de suas famílias e comunidades desnecessariamente?[1] Esta pergunta parte de um dado de realidade. Vários milhares de crianças e adolescentes estão, neste exato momento, circulando pelas ruas e por diversas instituições de assistência e proteção, apesar de terem pais e diversos parentes. Alguns serão reconduzidos aos seus lares; outros, se sobreviverem à vida nas ruas, serão encaminhados a abrigos, instituições de privação de liberdade, clínicas de desintoxicação e outros tipos de instituição e poderão nunca retornar às suas famílias.

Este quadro representa uma grande perda de capital humano, social e financeiro para o país. O Brasil continua sendo um país jovem, marcado pela desigualdade de renda e de oportunidades de vida digna

1. Neste texto, estaremos sempre nos referindo a crianças e adolescentes (0 a 18 anos), mesmo que em algumas frases citemos somente as crianças, de modo a facilitar o sentido do texto.

para muitos.[2] As condições precárias de vida atingem particularmente as crianças nos seus primeiros anos de vida, considerados cruciais para o desenvolvimento humano.[3] Os indicadores socioeconômicos revelam parte da complexidade deste quadro. Há muito a se aprender sobre as famílias que sobrevivem com poucos recursos e enorme dificuldade para atender às necessidades básicas dos filhos, sobretudo na primeira infância (UNICEF, 2005, 2006).

É sobre essas famílias que manteremos nosso foco neste livro. Não por acreditarmos que, por serem pobres, estejam menos aptos a criar os seus filhos. Mas sim porque são elas que historicamente têm tido suas crianças retiradas de casa. Persiste o mito de que elas estariam protegidas e em melhores condições longe de suas famílias, consideradas "desestruturadas". Desta forma, estas famílias ainda são muitas vezes retratadas como incapazes de criar os seus filhos.

O que se deseja ressaltar aqui é o equívoco na compreensão do problema, cuja origem ficou, não por acaso, reduzida à incapacidade da família. Na atualidade, ressaltam-se as competências da família, mas, na prática, com freqüência, cobra-se dos pais que dêem conta de criar seus filhos, mesmo que faltem políticas públicas que assegurem condições mínimas de vida digna: emprego, renda, segurança e apoio para aqueles que necessitem. Nas duas últimas décadas vem ocorrendo um

---

2. Estima-se que 46% dos 50 milhões de brasileiros que vivem na pobreza (em famílias com renda *per capita* de até meio salário mínimo) são crianças abaixo dos 18 anos. Destaca-se, ainda, que 53% das crianças de 0-6 anos no país vivem nesta situação (IBGE/PNAD 2004, tabulação especial IBGE/UNICEF).

3. A literatura caracteriza essas famílias e seus membros como estando em *situação de risco ou vulnerabilidade*. Trata-se de uma discussão complexa e polêmica sobre que tipo de indicadores e parâmetros se utiliza para fazer qualquer categorização. Não entraremos nesse debate aqui, mas deixaremos claro de início o sentido que queremos dar aos termos, quando eles aparecerem no texto. Por vulnerabilidade, nos referimos aos grupos ou indivíduos que, por diversos motivos, são mais atingidos pelos efeitos das desigualdades socioeconômicas e à precariedade das políticas públicas. "Risco" tende a indicar algum tipo de perigo, demandando medidas de proteção, independente da condição social. Evitamos, sempre que possível, o uso da expressão "em situação de risco" porque ela é sistematicamente aplicada para designar, de forma discriminatória, apenas a parcela pobre da população. Para uma discussão crítica, ver Rizzini, Barker, Cassaniga (2000), Rizzini, Barker, Zamora (org.), 2002.

processo lento de mudança de paradigmas relacionados às atribuições e responsabilidades da família e do Estado, com o advento de novas leis e diretrizes de políticas, que destacam a centralidade da família[4] e a importância da convivência familiar e comunitária, como o Estatuto da Criança e do Adolescente (1990) e a Política Nacional de Assistência Social (2004).

Neste livro, discutiremos o que o Brasil já está fazendo em diferentes estados para acolher crianças, respeitando seu direito à convivência familiar e comunitária.[5] Isso é fundamental, pois mostra que é possível superar práticas de atendimento que continuam enraizadas, embora comprovadamente inadequadas. É importante também porque sistematiza e divulga informações que, de outro modo, ficariam limitadas às suas localidades. Acima de tudo, o que se quer é apresentar subsídios para a formulação e a implementação de políticas públicas, destacando elementos de viabilidade e continuidade das mesmas.

Pressupostos

Há alguns pontos que gostaríamos de destacar para facilitar a compreensão dos problemas que permeiam o tema do direito à convivência familiar e comunitária. Sejam quais forem as diretrizes de políticas e ações apontadas com base nas experiências aqui retratadas, elas surtirão efeitos apenas limitados, caso não se enfrente os desafios que o sistema de garantia de direitos impõe. Por exemplo, a persistência de um modelo assistencialista que historicamente marcou o atendimento a essa população, mantendo-a na pobreza e sujeita a políticas clientelistas. Ao buscarmos outras opções de atendimento às crianças e aos adolescen-

---

4. A questão da centralidade da família na vida social e como foco da proteção da sociedade e do Estado aparece em diversos outros documentos, como a Declaração dos Direitos Humanos da ONU (1949), a Constituição Federal Brasileira (1988), a Convenção das Nações Unidas sobre os Direitos da Criança (1989), a Lei Orgânica da Assistência Social (LOAS, 1993) e o Estatuto do Idoso (1998). Para uma discussão sobre aspectos conceituais e metodológicos relacionados ao tema, ver Vasconcelos e Morgado, 2005.

5. Estatuto da Criança e do Adolescente, 1990, artigo 19.

tes, que por algum motivo precisam de assistência e proteção, é preciso considerar alguns mitos e distorções existentes, que parecem acabar num único caminho: o afastamento da família. São eles:

a) A intervenção sobre a família e seus filhos deveria ser exceção, mas não é.

As crianças e os adolescentes que são alvo da assistência social e da justiça deveriam representar uma pequena parcela da população, cujas famílias se encontram impossibilitadas de cuidar devido a problemas, que são, muitas vezes circunstanciais, como casos de separação conjugal, adoecimento ou falecimento. Porém, isso não é o que acontece. Por falta de condições básicas para criar os filhos, condições essas que se reproduzem, geração após geração, para um grande número de famílias, ocorrem inúmeras violações de direitos. A negligência e as demais formas de violência, exploração e abuso exemplificam esse ponto.

b) O alvo da intervenção é a família pobre.

Casos semelhantes de violação de direitos da criança não recebem o mesmo "tratamento" se a família tem recursos financeiros. Além das intervenções terem como alvo os pobres, as ocorrências acabam publicizadas de forma desrespeitosa na mídia.

c) Confunde-se a autoria da violação.

O problema não é, em geral, entendido como violação de direitos por parte do Estado, mas sim da própria família. Conseqüentemente, tanto a família quanto a criança são punidas. A criança é retirada de casa e a família percebida (inclusive por ela mesma) como incapaz.

d) Falta de articulação e de clareza de atribuições.

Quando a família procura por socorro, ela se depara com situações ligadas às distorções indicadas e também com a falta de aparatos de apoio, como os serviços de cunho médico, educacional e psicológico de que dispõem aqueles que podem pagar. Como se confirmou na pesquisa realizada, a falta de articulação e de clareza de atribuições entre as diversas instâncias e profissionais que compõem a "rede" de atendimento a essa população aponta para importantes desafios a serem enfrentados para a superação dos mitos e distorções descritos.[6]

Em síntese, não se trata de falta de direção. Sabemos o que deve ser feito. Veremos que em vários estados há experiências exitosas de apoio às famílias para que não percam seus filhos. As lições aprendidas e aqui relatadas poderão servir de base para subsidiar políticas e ações em todo o país. Mas é preciso lembrar que a garantia da convivência familiar e comunitária não se limita a isso. Há que se criar outras formas de suporte básico à família para apoiá-la no cuidado dos filhos, evitando agir somente quando as crises e vulnerabilidades despontam. As pesquisas e a experiência nos mostram que, com freqüência, as respostas públicas de intervenção e apoio são acionadas quando os problemas já se agravaram de tal forma que se torna impossível revertê-los. Um bom exemplo disso é o caso das crianças e adolescentes em situação de rua. O estudo de suas trajetórias de vida revela que muitos que chegam aos 17 anos já passaram por dezenas de instituições de toda a sorte sem que se conseguisse ajudá-los. Suas histórias de vida nos ensinaram também que a grande maioria seguiu esse caminho por dificuldades que poderiam ter sido solucionadas no âmbito da própria família quando ainda eram pequenos (Rizzini et al., 2003).

A título de facilitar a compreensão do leitor, lançamos a seguir os pressupostos que norteiam nosso estudo e as discussões que se seguem:[7]

1. A criança precisa de uma família que a acolha.
2. É seu direito conviver com sua família e comunidade.
3. As famílias precisam de condições básicas para acolher e criar seus filhos.

---

6. Os desafios da articulação das ações, bem como da implementação das políticas, são importantes e serão discutidos nos capítulos 6 e 7.

7. Em geral, estes pressupostos estão afinados com as normativas internacional e nacional: a Lei de Diretrizes e Bases da Educação Nacional (1996), a Convenção das Nações Unidas pelos Direitos da Criança (1989); o Estatuto da Criança e do Adolescente (1990), a Lei Orgânica da Assistência Social (LOAS, 1993) e a Política Nacional de Assistência Social (2004).

4. Quando estas condições são precárias ou inadequadas, é obrigação do Estado apoiar a família em seu papel parental.
5. Não sendo possível viver com sua família de origem ou extensa, devem existir alternativas de acolhimento para a criança.
6. A criança necessita de segurança e estabilidade para o seu desenvolvimento. É importante evitar situações de cuidado temporário, mas que acabam se estendendo às vezes por anos.
7. Há várias experiências em curso no país. Pode-se e deve-se aprender com elas.
8. O registro e a análise deste material podem subsidiar políticas e práticas, respeitando-se as especificidades locais. Pesquisando-se, pode-se ampliar as possibilidades de êxito na replicação/adaptação das propostas e metodologias.
9. O momento é propício para isso. Debates, projetos, leis, pesquisas e ações concretas têm despontado em todo o país.

Convivência familiar e comunitária

Neste livro, discutiremos algumas experiências em curso no país que buscam garantir o direito à convivência familiar e comunitária. Por *convivência familiar e comunitária*, entende-se a possibilidade da criança permanecer no meio a que pertence. De preferência junto à sua família, ou seja, seus pais e/ou outros familiares. Ou, caso isso não seja possível, em outra família que a possa acolher. Assim, para os casos em que há necessidade das crianças serem afastadas provisoriamente de seu meio, qualquer que seja a forma de acolhimento possível, deve ser priorizada a reintegração ou reinserção familiar — mesmo que este acolhimento tenha que ser institucional.[8]

---

8. Há casos em que o acolhimento institucional é o único disponível e até o mais indicado, como, por exemplo, para adolescentes mais velhos, que estão em busca de autonomia para viver. Entretanto, como discutiremos no capítulo 5, há que se investir em formas de acolhimento institu-

As principais causas que levam ao afastamento da família são situações classificadas como violações de direitos da criança, mencionadas no Estatuto da Criança e do Adolescente. É o caso da violência intrafamiliar, como abuso físico, negligência, abuso sexual, exploração pelo trabalho infantil, entre outros. Superados esses problemas, com freqüência, a situação de pobreza que se mantém acaba sendo um obstáculo à permanência da criança junto aos seus.[9] Além disso, há outros fatores que dificultam a permanência da criança em casa, tais como a inexistência ou ineficácia das políticas públicas, a falta de suporte à família no cuidado junto aos filhos, as dificuldades de gerar renda e de inserção no mercado de trabalho e a insuficiência de creches e escolas públicas de qualidade, em horário integral, com que os pais possam contar enquanto trabalham. O problema, portanto, é parte do quadro brasileiro mais amplo de desigualdade socioeconômica, comprometendo a garantia de direitos básicos de todos os cidadãos e, em particular, das crianças e dos adolescentes.

Cabe explicitar porque optamos por utilizar o termo *acolhimento* para nos referir às experiências de cuidados prestados a crianças e adolescentes fora de sua casa, em caráter excepcional e temporário. Como o leitor observará, lançamos mão dos conceitos de *acolhimento familiar e acolhimento institucional*, para marcar a diferença entre as experiências que descreveremos, que buscam promover o direito da criança crescer em contexto familiar e comunitário, e as práticas de *institucionalização* que predominaram no passado.[10] Ou seja, o cerne da questão aqui é a idéia de acolhimento como antagônica à noção de institucionalização como prática de confinamento e segregação social.[11]

---

cional que respeitem o momento de vida do adolescente e seus vínculos familiares e comunitários, em contraposição ao tradicional modelo asilar.

9. A esse respeito, vale lembrar o artigo 23 do Estatuto da Criança e do Adolescente: "A falta ou a carência de recursos materiais não constitui motivo suficiente para a perda ou a suspensão do pátrio poder" (hoje "poder familiar"). E, em seu parágrafo único: "Não existindo outro motivo que por si só autorize a decretação da medida, a criança ou o adolescente será mantido em sua família de origem, a qual deverá obrigatoriamente ser incluída em programas oficiais de auxílio".

10. Aqui nos referimos à chamada "cultura da institucionalização". Voltaremos a esse ponto no capítulo 2.

11. Esta opção foi feita a partir de muitas consultas e discussões com diversos profissionais da área, sobretudo com aqueles envolvidos na comissão intersetorial que durante quatro meses

É importante acrescentar que, apesar da história da assistência à infância no Brasil ter sido marcada pela facilidade com que se internava crianças devido a dificuldades financeiras dos pais, há, igualmente, uma forte tradição de acolhimento de crianças entre famílias, presente na cultura popular. Seria o que a antropóloga Claudia Fonseca denominou "circulação de crianças", isto é, "o grande número de crianças que passam a maior parte da infância ou juventude em casas que não a de seus genitores" (Fonseca, 1993: 115).

A pesquisa

Foco

Este livro nasce de um convite por parte do Fundo das Nações Unidas pela Criança (UNICEF/Brasília), com o objetivo de se pesquisar iniciativas,[12] em curso no país, que promovessem a convivência familiar e comunitária de crianças e adolescentes. O estudo se realiza com a proposta de contribuir para o debate atual sobre mudanças de paradigmas enunciados desde a Constituição de 1988 sobre os direitos das crianças e dos adolescentes, porém ainda não assegurados no âmbito das políticas e práticas vigentes. Portanto, incluem-se no escopo do estudo algumas iniciativas que visam evitar o rompimento do vínculo entre a criança e sua família e comunidade; buscam reduzir o tempo de separação, quando esta é inevitável e, ainda, possibilitar a reintegração familiar, evitando a permanência da criança em instituições.

Metodologia

Iniciamos nossa pesquisa realizando uma ampla revisão da literatura. Nela buscamos estudar conceitos, leis, pesquisas e propostas me-

---

trabalhou em conjunto para a elaboração do documento intitulado "Subsídios para e elaboração do Plano Nacional de Promoção, Defesa e Garantia do Direito de Crianças e Adolescentes à Convivência Familiar e Comunitária". Uma versão preliminar deste documento foi submetida a deliberação do CONANDA e do CNAS em julho de 2005.

12. Usaremos os seguintes termos para designar essas iniciativas: experiências, programas e projetos.

todológicas ligadas ao tema da convivência familiar e comunitária. Em seguida, dedicamo-nos à localização das iniciativas que nos interessavam, referidas nas publicações ou indicadas por profissionais especializados da área da infância e juventude em todo o país. A partir do contato com os primeiros programas e profissionais identificados, fomos compondo uma lista de materiais e contatos até atingirmos um número expressivo de informações.

A natureza deste estudo é essencialmente qualitativa, com base em entrevistas semi-abertas feitas com as equipes dos programas. Entendemos que era preciso ver e ouvir pessoas sobre suas experiências nos locais em que desenvolviam os projetos. Entrevistamos aproximadamente 100 profissionais de diversos campos que envolvem a gestão das iniciativas e o atendimento direto a crianças, adolescentes e famílias, tais como diretores de programas, técnicos na área da assistência, operadores do direito, entre outros.[13] Contactamos 30 iniciativas governamentais e não-governamentais, distribuídas em 16 municípios de 8 estados,[14] a saber:

Em relação à escolha das iniciativas a serem pesquisadas, é importante deixar claro que o objetivo era fundamentar a discussão sobre as possibilidades de implantação de políticas públicas calcadas no direito à convivência familiar e comunitária. Jamais foi nossa intenção apresentar modelos ou projetos-piloto a serem replicados pelo país,[15] mas, sim, conhecer as experiências que vêm se destacando por suas propostas inovadoras e resultados interessantes. Evitou-se qualquer tipo de avaliação dos projetos visitados, até porque isso exigiria outro tipo de desenho de pesquisa e abordagem metodológica.

---

13. Entre os nossos entrevistados estão psicólogos, sociólogos, assistentes sociais, advogados e educadores.

14. Todos os programas foram visitados, com exceção dos de Curitiba, Porto Alegre e Belém, cujo material foi coletado via telefone, e-mail e entrevista realizada durante um seminário (Campinas/SP, novembro de 2005). No final do livro há uma relação dessas iniciativas. Incluímos outras que não entraram na análise porque nos chegaram posteriormente à fase de coleta de dados. Porém, foram poucas e, em geral, ainda iniciantes. A maior parte da coleta de dados foi realizada entre novembro de 2004 e abril de 2005.

15. Embora espere-se que os resultados desta pesquisa possam inspirar propostas inovadoras no país.

Quadro 1

Estados	Municípios	Número de programas
Rio de Janeiro	Rio de Janeiro	4
	São Gonçalo	1
	Niterói	2
	Duque de Caxias	1
São Paulo	Franca	1
	Campinas	2
	Sorocaba	1
	São Paulo	1
Minas Gerais	Belo Horizonte	5
Santa Catarina	São Bento do Sul	1
Pernambuco	Recife	4
	Olinda	2
Pará	Belém	1
Paraná	Curitiba	2
Rio Grande do Sul	Porto Alegre	2
Total		**30**

Nossa meta é extrair, de diversas experiências em curso, lições a serem sistematizadas e socializadas a fim de subsidiar políticas e seus desdobramentos práticos. O que se deseja é ampliar o escopo de alternativas existentes para melhor responder às demandas de suporte e de proteção de crianças/adolescentes e suas famílias.

Distribuição dos temas abordados no livro

O livro foi dividido em três partes, para cobrirmos os seguintes temas. Na parte I, discutimos a idéia de família como direito fundamental. Em seguida, focalizamos o contexto histórico em que a valorização do direito à convivência familiar e comunitária emerge e como isso muda o foco dos atendimentos antes oferecidos a crianças e adolescentes.

Na parte II, apresentamos as propostas metodológicas pesquisadas divididas em três modalidades. Começamos analisando as possibilidades de apoio à família no cuidado a crianças e adolescentes em situações adversas; em seguida, abordamos o acolhimento familiar e, finalmente, o abrigamento institucional.

No caso do *apoio à família no cuidado a crianças e adolescentes em situações adversas* (capítulo 3), consideramos as metodologias nas quais as crianças não são afastadas do convívio de suas famílias, apesar de estarem vivendo situações que possivelmente levariam à separação. Nestes casos, as famílias são atendidas em serviços variados de acordo com as demandas que apresentam. Algumas das soluções encontradas são apoiadas por instâncias jurídicas locais e apresentam resultados satisfatórios, provando que a família, se inserida em uma rede de proteção social, pode reverter situações que antes tinham como única solução o abrigamento.

A modalidade *acolhimento familiar* (capítulo 4) diz respeito às iniciativas que procuram garantir o direito à convivência familiar e comunitária, nos casos em que é necessário o afastamento do convívo com a família de origem, mantendo as crianças em ambiente familiar provisório, seja em casa de parentes ou de uma outra família que se disponha a acolhê-las.[16]

A modalidade *acolhimento institucional* (capítulo 5) abarca experiências em que as crianças ou os adolescentes são encaminhados para alguma instituição, porém tendo como prioridade o retorno o mais rápido possível para um ambiente familiar. Além dos abrigos (governamentais ou não) que possuem esse perfil, incluímos outros tipos de iniciativas cujo objetivo é auxiliar os abrigos na tarefa de reordenamento institucional e reintegração familiar.

No capítulo 6, discutimos a *articulação das ações em rede*. Essa articulação se mostra essencial ao bom funcionamento do sistema de garantia de direitos das crianças e dos adolescentes, visto que uma das princi-

16. Aqui nos referimos ao acolhimento realizado por meio de programas oficiais, devidamente registrados junto aos Conselhos de Direitos da Criança, Juizados da Infância e da Juventude e demais instâncias pertinentes.

pais dificuldades apontadas nas iniciativas pesquisadas consiste na falta de articulação entre os atores. Destaca-se também a importância da composição de uma força conjunta que resista às descontinuidades impostas pela gestão pública.

No capítulo 7, apresentamos os *desafios* que atravessam a aplicação das metodologias, os *impasses* que devem ser enfrentados e repensados, apontando *caminhos* para que as ações propostas possam ser difundidas e ter continuidade. O ideal de uma ação inovadora exitosa é ser transposta para a arena das políticas públicas e atingir uma parcela maior da sociedade. Porém, o isolamento e a fragmentação das ações transformam iniciativas interessantes em experiências pontuais que não geram impacto nem mesmo na localidade em que atuam, servindo a poucos que tiveram oportunidade de acesso.

Na parte final de cada capítulo, apresentamos um quadro que sistematiza as estratégias de implantação de cada modalidade, de acordo com o que foi possível depreender a partir das visitas e entrevistas. Esse material permite uma visão panorâmica do processo de execução dos programas e foi incluído dessa forma para dar ao leitor uma noção do que é feito, convidando-o a pensar nas metodologias e ações propostas. O leitor também encontrará uma ampla literatura na qual poderá se basear para aprofundar as questões aqui abordadas, bem como uma lista de contatos para aqueles que desejarem conhecer de perto as iniciativas que inspiraram essa análise.

Como afirmamos anteriormente, o momento atual é propício. Debates, projetos, leis e ações concretas em prol do direito à convivência familiar e comunitária têm despontado em todo o país. Não por acaso, a atual *Política Nacional de Assistência Social* prevê que as ações no âmbito da Assistência Social tenham centralidade na família. No referido documento, reporta-se à família como o principal "núcleo de apoio" (Ministério do Desenvolvimento Social e Combate à Fome/Secretaria de Assistência Social, 2004: 11).

Lançado em 2005, o documento intitulado *"Subsídios para Elaboração do Plano Nacional de Promoção, Defesa e Garantia do Direito de Crianças e Adolescentes à Convivência Familiar e Comunitária"*[17] assim retrata esta tendência:

> "Trata-se da mudança do olhar e do fazer, não apenas das políticas públicas focalizadas na infância e na juventude, mas extensiva aos demais atores do chamado Sistema de Garantia de Direitos e de Proteção Social, implicando a capacidade de ver as crianças e adolescentes de maneira indissociável do seu contexto sócio-familiar, percebendo e praticando a centralidade da família enquanto objeto de ação e de investimento" (2005: 8).

Acreditamos que crianças, adolescentes e famílias que, por algum motivo, precisam de apoio, podem recebê-lo de forma acolhedora e competente, sem que necessariamente se rompam os vínculos afetivos existentes. Ao contrário, esses elos podem ser fortalecidos. Por mais adversas que sejam as circunstâncias, somos testemunhas de que isso é possível e é o que demonstraremos.

Nosso livro tem a proposta de ampliar e aprofundar os debates sobre o que já vem sendo realizado no país para garantir a convivência familiar e comunitária, partindo de quem faz e de suas práticas. Aqueles que estão mudando o rumo do atendimento a crianças e adolescentes no Brasil, muitas vezes desenvolvem seu trabalho de forma silenciosa e com articulações apenas locais. Nesse sentido, perdem-se oportunidades valiosas. Desejamos que as experiências pioneiras e inovadoras que serviram de base para a composição deste livro sirvam de inspiração para muitos outros.

17. Comissão intersetorial criada em outubro de 2004, composta por representantes governamentais e da sociedade civil com o objetivo de elaborar subsídios para o referido Plano Nacional, aprovado em dezembro de 2006. O processo de criação deste documento deve-se à Comissão Intersetorial, coordenada pelo MDS e SEDH (Secretaria Especial de Direitos Humanos), que elaborou os subsídios, e ao CONANDA e CNAS que analisaram, aprimoraram e aprovaram a versão disponibilizada para consulta pública.

Capítulo 2

Crescer em contexto familiar e comunitário como direito da criança e do adolescente: superando a cultura da institucionalização

A história da institucionalização de crianças tem um longo percurso. Consta que por volta do século XII um certo Bispo, ao caminhar pelas ruas de Roma e testemunhar a pesca de bebês entre as redes dos pescadores, determinou a construção do que teria sido um dos primeiros asilos para crianças órfãs ou abandonadas (Boswel, 1988). No Brasil, a prática de encaminhar crianças e adolescentes pobres para os chamados "internatos de menores" ganha força a partir do final do século XIX. A fácil retirada da criança de sua família para essas instituições criou uma verdadeira cultura da institucionalização.[1] Isso porque, a despeito do discurso sobre a internação de crianças e adolescentes como um último recurso, a prática permaneceu recorrente até os finais do século XX.

Em meados dos anos 1990, firma-se uma posição internacional claramente oposta à institucionalização de crianças, reforçada pela promul-

---

1. Para compreender como essa cultura se formou no Brasil, há várias referências na bibliografia sobre a história da assistência à infância e da institucionalização de crianças (ver Pilotti e Rizzini, 1995; Marcílio, 1997; Priori, 1992; Abreu e Martinez, 1997; Rizzini e Rizzini, 2004, entre outros).

gação do Estatuto da Criança e do Adolescente, acompanhando a Convenção das Nações Unidas pelos Direitos da Criança e no forte movimento que eclodiu em diversos países pela desinstitucionalização de pacientes psiquiátricos.[2] Parte-se da constatação de que manter os chamados "internatos de menores" era extremamente oneroso aos cofres públicos e a prática era prejudicial ao desenvolvimento de crianças e adolescentes. Outros fatores de ordem política e econômica desempenharam importante papel na condenação dessa prática, em particular o enxugamento dos investimentos públicos na área do bem-estar social.

Os novos referenciais legislativos enfatizam a responsabilidade da família e o direito da criança a permanecer em seu contexto familiar e comunitário: "Toda criança ou adolescente tem direito a ser criado e educado no seio de sua família e, excepcionalmente, em família substituta, assegurada a convivência familiar e comunitária, em ambiente livre da presença de pessoas dependentes de substâncias entorpecentes" (ECA, 1990, Artigo 19).

Ao poder público cabe assegurar as condições necessárias para que isso seja possível, como estipulam diversos artigos do Estatuto. Esse é um ponto crucial para a análise das políticas e ações que vêm sendo desenvolvidas no país porque trata de uma questão que permanece na esfera da utopia.

Como apontamos, há um grande descompasso no Brasil entre a importância atribuída ao papel da família no discurso e a falta de condições mínimas de vida digna que as famílias enfrentam, na prática, para que possam criar seus filhos. É fácil identificar de imediato a negligência cometida pelos pais ao se encontrar uma criança em "situação de risco". É bem mais difícil acusar o Estado de negligente e omisso. Nesse

2. Além do debate fomentado pelo movimento da Psiquiatria contra a institucionalização indiscriminada de pacientes em hospitais psiquiátricos, os grupos que formaram o Movimento Nacional de Meninos e Meninas de Rua empreendem diversas iniciativas que ficaram conhecidas como "Projeto Alternativas de Atendimento aos Meninos de Rua" (apoio UNICEF). Há uma vasta literatura sobre o assunto. Ver referências em: "Projeto Alternativas de Atendimento aos Meninos de Rua", 1984-1986; Altoé, 1990; Rizzini e Rizzini, 1991.

sentido, são pertinentes as palavras de Herbert de Souza, o Betinho, ao comentar o artigo 7º do Estatuto da Criança e do Adolescente, sobre os direitos básicos da criança à vida e à saúde. Ele fala da necessidade de se romper com o círculo vicioso da divisão de responsabilidades e culpas entre a sociedade e o poder público: "A tradição do Estado Brasileiro é não levar a sério sua função social, é ter uma relação perversa com sua própria sociedade" (Cury, Amaral e Silva, Mendez, 1992).

A década de 1990 marca uma mudança importante de paradigmas em relação ao cuidado e proteção à população infantil e juvenil, sob o ponto de vista dos seus direitos. Nesse sentido, condena-se a prática centenária da institucionalização de crianças devido à sua condição de pobreza e fica estabelecido o caráter de excepcionalidade e temporariedade desta prática.[3] Crianças (até os 12 anos) não podem ser privadas de liberdade e, havendo necessidade de serem afastadas da família, o encaminhamento a um abrigo é uma das alternativas.[4] Porém, a ênfase será colocada no direito à convivência familiar e comunitária, reforçando-se que o abrigamento deve constituir uma última medida, consideradas todas as possibilidades da criança permanecer com os seus.

Essa diretriz segue uma orientação internacional mais ampla. A institucionalização de crianças foi fortemente combatida e parecia de fato ter caído em desuso. Mas mudanças expressivas em geral não ocorrem em curto prazo. Já nos primeiros anos do século XXI, o tema retorna com força. Vários países demonstram preocupação com o descompasso entre reduzir o investimento público na manutenção destes estabelecimentos e a contínua demanda por este tipo de serviço.[5]

No caso do Brasil, registra-se também a preocupação e ela tem fundamento. Com as medidas previstas no Estatuto, as velhas instituições

---

3. Estatuto da Criança e do Adolescente, Capítulo II, artigo 101, parágrafo único.

4. Estatuto da Criança e do Adolescente, Capítulo II.

5. A esse respeito, consulte: Trygged, 2004; Declaração de Estocolmo, 2003. Chama a atenção o dado revelado em pesquisa recente do IPEA sobre a rede de abrigos no país, que recebe recursos federais: mais da metade das entidades que compõem essa rede abriu suas portas após a promulgação do Estatuto (Silva, 2004).

do tipo "internato de menores" e "orfanatos" vêm sendo pressionadas para que mudem. Muitas passaram a atender um número menor de crianças e somente durante o dia. Entretanto, as diretrizes indicadas na lei conduziram, até o presente, a mudanças parciais. Pode-se dizer que as instituições vêm tentando ajustar-se e sobreviver, mas há ainda muito a ser feito para uma reforma de natureza ampla e profunda.

O fato é que a demanda para abrigar crianças persiste. Os abrigos previstos no Estatuto preenchem o vazio deixado pelos grandes estabelecimentos, criando novos problemas. Esses abrigos recebem uma demanda contínua de crianças e adolescentes que lá permanecem durante meses e até vários anos. Esta é uma população que chega com uma multiplicidade de dificuldades, agravadas por histórias de violência e pelo elevado uso de drogas que não se registravam no passado.

Sabe-se que as crianças e adolescentes que chegam a estes abrigos, em princípio, não deveriam ser separados de suas famílias. Lá estão pela impossibilidade de seus pais de prover até mesmo o essencial para sua sobrevivência. Continuam, pois, a existir as filas de crianças nas portas das instituições por pobreza, fome e negligência. São velhos problemas ligados à falta de condições dignas de vida de um grande número de famílias brasileiras. Problemas que certamente não serão resolvidos com a institucionalização de seus filhos. Esse quadro torna premente a busca de soluções.

Ainda recai sobre as famílias, social e economicamente desfavorecidas, a percepção de que são incapazes e inadequadas para criar seus filhos. Como veremos a seguir, apesar de uma nítida mudança de orientação por parte das políticas sociais públicas vigentes, na qual se procura ressaltar as competências da família, ainda predomina na esfera da ação uma postura paternalista que fragiliza os pais em seu papel parental.[6]

---

6. Sobre este assunto, ver a discussão sobre a culpabilização da família e a desautorização do papel parental como um dos marcos referentes à prática de institucionalização de crianças e adolescentes que se manteve ao longo da história (Rizzini e Rizzini, 2004: 70-71).

Cabe no estudo em questão sobre o direito à convivência familiar e comunitária uma reflexão sobre as tendências atuais de mudança e valorização do papel da família.

Mudanças de concepções, políticas e ações sobre a família

A tendência atual na esfera das políticas sociais e econômicas nacionais e internacionais é a de ressaltar a centralidade do papel da família no cuidado, formação e educação das crianças. No Brasil, por exemplo, a Política Nacional de Assistência Social está pautada na "matricialidade sociofamiliar", ou seja, a "rede socioassistencial" deve estar voltada para atender às necessidades da família, seus membros e indivíduos, segundo o "pressuposto de que para a família prevenir, proteger, promover e incluir seus membros é necessário, em primeiro lugar, garantir condições de sustentabilidade para tal" (MDS/CNAS, 2004: 34-36).

Perfeito como orientação, porém, na prática, há muitos fatores a serem levados em consideração. Indicadores globais sobre o tema mostram que as famílias têm sofrido mudanças profundas, apresentando diversos arranjos e adotando novos valores e referenciais, particularmente no âmbito das relações entre seus membros.

Nas últimas décadas, registram-se mudanças significativas na dinâmica da vida familiar, devido a rápidas transformações políticas, econômicas e sociais. Algumas dessas mudanças, apontadas em grande parte do mundo, são: a) as famílias apresentam-se cada vez menores; b) elas são chefiadas por mulheres em percentuais que aumentam de forma rápida; c) mais mulheres entram no mercado de trabalho e as famílias necessitam de novos arranjos para a criação de seus filhos; d) crescem as distâncias entre a casa e o trabalho nas grandes cidades, o que leva a que crianças permaneçam mais tempo sem a presença dos pais; e) a dinâmica dos papéis parentais e de gênero estão se modificando em diversas sociedades.[7] Cynthia Sarti destaca duas áreas de mudanças que incidem

7. Como estudado por Rizzini, 2001; Carvalho, 2002; Sarti, 2002.

de forma significativa sobre a família: "a autoridade patriarcal e a divisão de papéis familiares, modificando substancialmente as relações entre o homem e a mulher e aquelas entre os pais e os filhos no interior da família" (2002: 44).

No Brasil, vários estudos vêm destacando a importância de se analisar a diversidade de desenhos existentes de família (Sousa, Rizzini, 2001; Peres, 2001; Carvalho, 2002; Pereira, 2004; Deslandes, Assis e Silva, 2004). Eles apontam o atual foco sobre a família nas diretrizes de políticas públicas e uma "redescoberta" da importância dos laços familiares, tendo a mãe como eixo central das famílias (Carvalho, 1994; Neder, 1994; Segalen, 1999, apud Fonseca, 2004). Diversos estudos nacionais e internacionais indicam que a família continua sendo um lugar privilegiado de proteção e pertencimento. Indicam, ainda, que embora persista uma tendência à idealização da família, ela aparece também como um espaço passível de conflitos e contradições. Esta constatação nada traz de novo; porém, revela-se de forma mais acentuada nos últimos anos, devido ao amplo interesse mundial na questão da violência doméstica ou intrafamiliar, em particular o abuso sexual.

Para Potyara Pereira (2004), a família ocupa um papel de destaque na política social contemporânea como um importante agente privado de proteção social. Segundo a autora, esta tendência está ligada à retração do Estado e ao declínio do compromisso estatal, dando lugar a um pluralismo de bem-estar, no qual outras instâncias além do Estado passam a ser provedoras de bem-estar, como o mercado, as organizações voluntárias e caritativas e a rede familiar. Pereira esclarece que o pluralismo de bem-estar contemporâneo "...é também uma estratégia de esvaziamento da política social como direito de cidadania, já que, com o desvanecimento das fronteiras entre as esferas públicas e privadas", se alarga a possibilidade de privatização das responsabilidades públicas, com a conseqüente quebra da garantia de direitos (Pereira, 2004: 33). A discussão da autora abrange direções em escala internacional.

No caso do Brasil, o debate sobre as relações entre família e Estado é pertinente e carece de aprofundamento (Mioto, 2004). É importante considerar as ambigüidades e contradições entre o discurso de direitos e igualdade como orientadores das leis e das políticas públicas e o que se observa na realidade: elas parecem manter o foco na parcela pobre da população. Apenas para ilustrar, quando neste estudo nos debruçamos sobre as propostas e os programas nacionais em curso sobre acolhimento familiar e institucional, observamos que o único foco era a família pobre.[8] A despeito dos alertas sobre o risco de se responsabilizar unicamente a família pela proteção das crianças, optamos por focalizar, em nossa pesquisa, as políticas de atendimento que priorizam e valorizam as famílias, independente da condição de vulnerabilidade a que os filhos estão expostos. A proposta é refletir sobre as experiências em curso que buscam conciliar a garantia de direitos e as políticas públicas centradas na família.

---

8. É preciso registrar que pode ocorrer uma imposição do gestor ou do financiador para a focalização na pobreza, deixando, muitas vezes, as famílias de outros estratos sociais desorientadas quanto a que medidas tomar, especialmente nos casos de violência doméstica.

PARTE II

Acolhendo crianças e adolescentes

Iniciativas que promovem a convivência familiar e comunitária de crianças e adolescentes

Capítulo 3
Acolhendo as famílias

Este capítulo engloba experiências que privilegiam, no atendimento, a manutenção das crianças em suas famílias, apesar destas estarem vivendo situações que possivelmente levariam à suspensão ou perda da guarda de seus filhos. São, portanto, aquelas situações caracterizadas como de "vulnerabilidade e riscos".[1] São ações de apoio no contexto familiar, buscando responder a diversas necessidades. Como veremos, diferentes tipos de suporte podem ser providos, evitando que os problemas apresentados se agravem e conduzam a medidas mais drásticas, como o afastamento das crianças de casa, o que poderia levar a rompimento de vínculos e/ou abrigamentos.

Embora muito diferentes entre si, as iniciativas que focalizaremos a seguir conseguem mostrar que, mesmo em situações muito adversas, a família pode ser apoiada de modo a evitar a separação ou a perda de seus filhos. Incorporamos, em um mesmo conjunto, experiências com características diversas, cujo fator comum é a possibilidade de acolher a família, procurando fortalecê-la. Para compormos esta discussão, analisamos as informações coletadas em nove programas, desenvolvidos nos Estados do Rio de Janeiro, Minas Gerais e Pernambuco.[2]

1. Em sintonia com a Política Nacional de Assistência Social, 2004.

2. Em alguns municípios, utiliza-se a denominação "in loco" ou "atendimento in loco" para designar estes casos em que o atendimento é realizado no âmbito da própria família.

Optamos por iniciar com essa discussão para demarcar bem um ponto fundamental: a importância do atendimento realizado no âmbito da própria família, nos casos em que se detectam violações de direitos da criança ou do adolescente. A meta é esgotar todas as possibilidades de apoio. Em alguns casos esse apoio responde a situações bastante específicas, entre as quais destacam-se: famílias, cujas situações diversas de vulnerabilidade dificultam o cumprimento de suas responsabilidades parentais, como estipula o artigo 22 do Estatuto da Criança e do Adolescente;[3] crianças sozinhas, ou com suas mães e irmãos, que buscam nas ruas uma forma de sobrevivência, entre outras.

Com a implantação da Política Nacional de Assistência Social, casos como os apresentados neste capítulo se enquadram na categoria "proteção social especial de média complexidade". Esse tipo de proteção pressupõe o atendimento às famílias e aos indivíduos com seus direitos violados, mas cujos vínculos familiar e comunitário não foram rompidos. As situações de vulnerabilidade e de riscos citadas são descritas como:

> "famílias e indivíduos com perda ou fragilidade de vínculos de afetividade, pertencimento e sociabilidade; ciclos de vida; identidades estigmatizadas em termos étnico, cultural e sexual; desvantagem pessoal resultante de deficiências; exclusão pela pobreza e, ou, no acesso às demais políticas públicas; uso de substâncias psicoativas; diferentes formas de violência advindas do núcleo familiar, grupos e indivíduos; inserção precária ou não inserção no mercado de trabalho formal e informal; estratégias e alternativas diferenciadas de sobrevivência que podem apresentar risco pessoal e social" (MDS/CNAS, 2004: 27).

Há um ponto que gostaríamos de acrescentar para facilitar a compreensão do leitor. As iniciativas, cujas metodologias discutiremos neste capítulo, não devem ser confundidas com programas de apoio fami-

---

3. No Art. 22 do Estatuto consta que, aos pais incumbe o dever de sustento, guarda e educação dos filhos menores, cabendo-lhes ainda, no interesse destes, a obrigação de cumprir e fazer cumprir as determinações judiciais.

liar preventivo ou, de acordo com a Política Nacional de Assistência, a "proteção social básica",[4] pois o nosso foco são as propostas de atendimento a casos nos quais se detectou algum tipo de violação de direitos da criança e ela se encontra em possível "situação de risco".[5]

Este capítulo amplia o conceito de acolhimento, entendendo-se que as crianças e os adolescentes que necessitam de proteção geralmente são provenientes de famílias também carentes de acolhimento. A contribuição das propostas e metodologias aqui apresentadas é mostrar que esse processo pode começar ainda dentro da família e ser bem-sucedido. A principal premissa que norteia essas ações é que, em sua maioria, as famílias, mesmo quando fragilizadas, têm as potencialidades necessárias para criar seus filhos se receberem o apoio que precisam em tempo hábil.

Origem e foco das iniciativas pesquisadas

As iniciativas incluídas neste estudo buscam responder a situações adversas vividas pelas famílias, nas quais o risco de suspensão de guarda dos filhos é real. São elas:

a) famílias com membros portadores do vírus HIV;

b) situação de risco pela condição de rua (famílias com filhos nas ruas e crianças/adolescentes em situação de rua);

c) casos genericamente categorizados como de "negligência" no cuidado dos filhos.

Conforme indicamos anteriormente, as iniciativas selecionadas ilustram os pontos que consideramos importante abordar. Vale dizer que a

4. A "proteção social básica" tem como objetivo "prevenir situações de risco por meio do desenvolvimento de potencialidades e aquisições, e o fortalecimento de vínculos familiares e comunitários. Destina-se à população que vive em situação de vulnerabilidade social decorrente da pobreza, privação e, ou, fragilização de vínculos afetivos" (MDS/CNAS, 2004: 27).

5. Aqui, portanto, estamos nos referindo a situações que levariam a possível suspensão de guarda.

discussão que se segue certamente se aplica a uma variada gama de situações.

A pesquisa de campo possibilitou identificar de que forma as iniciativas estão conseguindo priorizar a vida em ambiente familiar, tendo que lidar com situações com freqüência delicadas, nos casos de violação de direitos. A família e todas as alternativas que possam viabilizar essa convivência devem aparecer como prioridade, levando em conta custos, apoios profissionais, infra-estruturas, articulações e capacitações, visando cessar a violação de direitos e garantir o bem-estar da criança.

Em seguida, apontaremos de que maneira as iniciativas selecionadas estão atingindo suas metas, mesmo enfrentando obstáculos desafiadores.

Objetivos das iniciativas pesquisadas

Encontramos quatro objetivos que orientam as ações de cada iniciativa, a partir da identificação de problemas que requerem intervenções específicas:

a) Quando o atendimento prioriza o convívio familiar de crianças e adolescentes filhos de portadores do vírus HIV, a idéia é apoiar a família nuclear no que for preciso. Objetiva também proporcionar que outros possíveis cuidadores das crianças que, por vínculos afetivos ou parentais, estejam próximos da família, possam ir acompanhando as atividades do programa e com isso passem a assumir eventualmente a posição de substitutos aos pais biológicos em casos de falecimento destes. Essa ação visa abrir espaço para que a família extensa ou amigos e vizinhos se envolvam e acolham as crianças e adolescentes, tendo em vista promover o direito à vida em família. Nestes casos, a medida de proteção anteriormente adotada era quase sempre o abrigamento das crianças.

b) Nos casos em que o risco se apresenta devido à condição de vida nas ruas por parte da família (em geral, a mãe), normalmente, a medida tomada é a suspensão da guarda da(s) criança(s). Qualquer ação de recolhimento ou fiscalização de iniciativa do poder judiciário ou do Conselho Tutelar tende a ter como conseqüência o afastamento da mãe e o abrigamento das crianças e dos adolescentes. O objetivo, então, é buscar formas de suporte à mãe para que supere as dificuldades centrais que enfrenta e possa manter o(s) seu(s) filho(s) junto a si. Muitas das mães são adolescentes, fato que agrava o problema, pois a garantia de direitos prevista em lei se estende ainda a elas, que precisam de apoio familiar e suporte para seu amadurecimento psicológico e social. Nestes casos, a mãe nem sempre está preparada para criar seus filhos e a busca de apoio por parte da família torna-se ainda mais necessária.

Porém, os casos mais freqüentes são aqueles nos quais as crianças e adolescentes estão por conta própria nas ruas. A reinserção familiar, nestes casos, raramente é tentada de imediato e o espaço de triagem para onde são levados quando "recolhidos" pelos agentes municipais serve apenas para escolha do abrigo para onde serão encaminhados. Algumas iniciativas têm por objetivo o retorno da criança à família, após uma abordagem que dê conta da construção de uma relação de confiança, sem que seja necessária a passagem por uma instituição.

O principal desafio é contornar os múltiplos obstáculos que se impõem, como a escolha de afastamento da própria criança ou adolescente, a rejeição da família ou ainda a violência na comunidade. Mas, ainda assim, há histórias exitosas que comprovam sua viabilidade, apesar das dificuldades.

c) As situações genericamente denominadas de *negligência* (aos filhos) são extremamente complexas, pois envolvem grande sobreposição de problemas. De acordo com as entrevistas realizadas, os casos atendidos apresentam quadros ligados a diversos tipos de privações, além da falta de recursos materiais, causando instabilidade e disfuncionalidade na família. Entre os casos mais citados, estão: quadros de violência, agravados pelo consumo de álcool e narcóticos; famílias com adultos e/ou crianças com deficiências, com comprometimentos na esfera mental ou neurológica; presença de enfermidades crônicas, prisão, desaparecimento ou morte de um dos cônjuges.

O objetivo das iniciativas que reportaram lidar com estes casos é apoiar a família em suas variadas demandas, apresentando não apenas ações próprias, mas procurando estabelecer parcerias e articular com outros serviços. Várias entrevistas apontaram a dificuldade de se definir claramente as situações de negligência.

> "Esse tema da negligência é uma coisa que é extremamente escorregadia, que, se deixar, cabe tudo. Quando o órgão encaminhador considera que é muito importante aquela família ser atendida naquele serviço, porque ele não sabe mais o que fazer com ela, ele acaba forçando a barra e coloca uma 'negligência' lá. Então é uma coisa extremamente difícil. Principalmente considerando as negligências que as próprias famílias sofrem" (Técnico de um projeto municipal, Belo Horizonte).

Os profissionais envolvidos

Os profissionais envolvidos nas iniciativas visitadas variam de acordo com a organização de cada programa. De maneira geral, são profissionais das áreas humanas e sociais. Eles são responsáveis por uma gama de serviços, como atendimentos, triagem, encaminhamentos, planejamento, articulação, entre outros.

A pesquisa mostrou que o diferencial dos programas visitados é o grande engajamento dos profissionais em equipes que estabelecem relações democráticas de trabalho, associado à capacitação continuada, destacando-se o compromisso que assumem com a proposta de garantia da convivência familiar como direito fundamental. Não há dúvida de que as iniciativas enfrentam dificuldades e entraves, mas, por contarem com profissionais que acreditam no sucesso, observamos que muitos dos desafios acabam sendo superados.

> "Eu acredito que o sujeito tem capacidade para se desenvolver e interagir com o meio, seja numa rede de educação, de cultura. Enfim, ter uma vida socializada e muito mais humanizada, tendo direito à sua liberdade plena. Essa é uma das primeiras finalidades da existência do grupo, que

é respeitar a cidadania dos pais, o direito de continuarem sendo pais mesmo em situação de pobreza, ou mesmo no estado de pobreza e doença. A gente precisa, como grupo, como ONG, fortalecer esses laços de família para que essa família não venha a se desintegrar ou se desmembrar, mesmo por conseqüência de óbito dos pais. Que os parentes continuem sendo os sujeitos e que tenham prioridade na adoção dessas crianças. O que a gente visa muito na realidade é a garantia desse direito da convivência familiar e comunitária, quanto da sua cultura, e tudo que o meio pode oferecer a qualquer pessoa que viva em liberdade. Esse é o objetivo principal" (Entrevista com coordenadora de projeto não-governamental, Recife).

Metodologias

As metodologias serão apresentadas seguindo o agrupamento dos objetivos indicados anteriormente:

a) As ações com crianças e adolescentes de famílias vivendo com AIDS são direcionadas a oferecer atendimento psicológico e social dentro do hospital onde são tratados. A demanda cresceu tanto no município em que é oferecido esse serviço, que teve impacto na diminuição do número de abrigamentos, comuns em casos desse tipo, mostrando, entre outras coisas, a efetividade da iniciativa. O apoio é amplo e as famílias recebem vários tipos de atendimento, a partir da avaliação de seus problemas. Um plano de ação é preparado e as ações vão desde suporte financeiro até atendimentos variados nas áreas de saúde, psicologia, assistência social e jurídica. Nem sempre o próprio programa dispõe de todas as especialidades que a família necessita; nesses casos são feitos os encaminhamentos necessários.

Segundo os profisionais entrevistados, nunca foi preciso pedir para que familiares e amigos acolhessem crianças (soropositivas ou não), filhas de pais em estado terminal. Essas pessoas, que têm a mesma origem social dos pais, assumem o acompanhamento do tratamento médico e psicológico das crianças e adolescentes e acabam acolhendo seus protegidos. Outro aspecto importante da metodologia é a boa articulação com o setor público, especialmente o da saúde. O trabalho é desenvolvido em parceria com o hospital público local de referência e recebe apoio financeiro do Ministério da Saúde.

Os principais passos do atendimento são: capacitação da equipe para que esteja preparada para lidar com a doença (AIDS); estabelecimento de parcerias com hospitais e redes de serviços que possam receber as demandas geradas pelo programa; avaliação dos casos em que deve haver intervenção, normalmente aqueles nos quais o afastamento da convivência familiar é iminente; acompanhamento e apoio à família de origem e/ou extensa; acompanhamento das famílias e das crianças e/ou adolescentes em caso de mudança de guarda.

b) Em se tratando de ações voltadas para a família que se encontra nas ruas, focalizamos, a título de exemplo, uma iniciativa que visa atender jovens mães com seu(s) filho(s). Nesse caso, o atendimento começa ainda nas ruas com a equipe de abordagem. A aproximação é gradual e sistemática, com dias e horas certos. No processo de abordagem, é desenvolvida uma relação de confiança e de cumplicidade, na qual se estabelece um plano de metas que inclui, entre outras coisas, a saída das ruas. Os passos construídos na abordagem são:

1) Aproximação — esta fase consiste em travar um diálogo informal com a jovem. O tempo de duração depende das variáveis que interferem nesse contato, entre elas, o uso de drogas, situações de risco para o educador e para a jovem etc.;

2) Abordagem continuada — após a aproximação, procura-se estabelecer dias e horários para os encontros, ainda nas ruas. Nessa etapa, o nome verdadeiro normalmente é revelado e um laço de confiança é estabelecido;

3) Convite ao espaço físico institucional — depois de alguns encontros em que são estabelecidas regras de convivência, é feito um convite para que a jovem venha conhecer a proposta do projeto e seu espaço físico. Nesse momento, ela já deve estar preparada para a inscrição e, na maioria das vezes, para ingressar no programa.

4) Participação das ações oferecidas pela instituição — isto acontece quando as jovens estão inseridas e dispostas a participar das atividades que consistem em: oficinas de cidadania, cursos profissionalizantes, encaminhamentos e atendimento psicológico e social. São feitas visitas domiciliares e é oferecido apoio nutricional.

O foco da ação aqui é a mãe, ou seja, todo o esforço necessário para que ela seja fortalecida e as crianças sejam também beneficiadas. Assim, elas permanecem com as mães durante o atendimento. É oferecido um espaço lúdico e preparado especialmente para esse fim, assim como uma profissional que toma conta das crianças enquanto as mães participam das atividades.

Nos casos de atendimento apenas às crianças e aos adolescentes, o procedimento é outro. Os educadores que os abordam repassam o caso para a equipe responsável pela reintegração familiar. O trabalho é desenvolvido em rede, com cada instituição atuando de acordo com as especificidades dos serviços que oferece. Os passos podem ser descritos assim:

1) Abordagem por equipe de outras organizações — trabalho em rede e estudos de casos semanais em GTs (grupos de trabalho);

2) Visitas domiciliares de acordo com relatórios fornecidos pela equipe de abordagem — início do processo de reintegração;

3) Apoio à família através de atendimento psicossocial e suporte financeiro.

A situação de rua é um ponto de convergência entre essas duas iniciativas. Um dos maiores desafios para esse grupo é a manutenção dos vínculos familiares e a vida em ambiente familiar e comunitário. Muito pouco vem sendo feito em benefício dessas famílias, permitindo-se que os problemas que ocasionaram a sua ida para as ruas se agravem sensivelmente.

Pensar o atendimento começando pela família pode ser uma boa alternativa de ação nestes casos. No entanto, a não apropriação pelos profissionais e gestores do Estado, da experiência e do conhecimento já acumulados sobre esse tipo de proposta, dificulta a elaboração de políticas públicas adequadas. Precisa-se, antes, conhecer essas famílias e suas demandas, entender o ciclo de vida de seus componentes, procurar atingir o mais amplamente possível as variáveis que são responsáveis pela transmissão intergeracional da exclusão e envolver os indivíduos no processo de sua promoção social (Naiff, 2005). Um dos entrevistados aponta a complexidade da tarefa e revela alguns dos aspectos e limitações do trabalho desenvolvido:

> "Tem as visitas domiciliares, institucionais e reuniões de grupo de pais. Eram duas vezes ao mês; por causa de grana a gente diminuiu para uma vez. Essas famílias se encontram e a gente faz um trabalho, de acordo com o grupo. Dependendo, você tem que trabalhar drogas, ECA, doenças sexualmente transmissíveis, mas é de acordo com o grupo.
>
> Dentro da metodologia, a gente faz ecomapa, historiograma, linha da vida, porque a história da rua, eles esquecem; é como se tivessem páginas em branco, a gente se especializa para detectar esses casos.
>
> A gente aciona órgãos que trabalham com os temas e pede palestras. Primeiro a gente conhece o trabalho, sempre a gente procura conhecer o trabalho. Tem famílias que não sabem nem se estão ou não usando drogas, como o uso do cigarro, do álcool. Você não tem como obrigar, primeiro é a sensibilização depois é a escolha da família" (entrevista com técnico de um projeto não-governamental, Rio de Janeiro).

c) O atendimento às famílias nos casos indicados como negligência e outras formas de violência intrafamiliar em geral decorre de encaminhamentos feitos por órgãos públicos de onde as denúncias partiram. Podem acontecer demandas espontâneas, mas não é a regra. Um consenso entre os profissionais entrevistados é que o ideal, principalmente para estes casos, é a articulação das ações, pois cada iniciativa tem sua especialidade e as ações podem ser complementares entre si.

Enfatizou-se, também, a necessidade de que o poder público esteja sempre presente, pois as intervenções geralmente são amplas e dependem de uma rede de serviços que somente o trabalho articulado pode contemplar. Os serviços oferecidos compõem programas governamentais de atendimento social, na sua maior parte municipais e estaduais.

Os principais casos apontados são de violência na esfera familiar, como maus-tratos, abuso sexual e exploração do trabalho infantil. Entre os casos de negligência citados, estão problemas de freqüência escolar das crianças e, ainda, situações mais específicas, que dependem da interpretação dos profissionais que recebem a denúncia, como rotina inadequada no cotidiano de vida da criança, problemas de higiene etc.

Em várias entrevistas, os profissionais expressaram preocupação tanto com a forma por vezes arbitrária com que se diagnostica um caso, a falta de tempo e preparo para aprofundar estudos que poderiam melhorar o entendimento da situação e das medidas a serem tomadas. Falou-se da complexidade desse momento decisivo de tomada de decisão, que certamente terá repercussões na vida de todos os membros da família. A meta é proteger a criança, assegurar seu direito à convivência familiar e comunitária, evitando o abrigamento, mas isso por vezes não é possível:

> "Talvez a gente possa colocar que o objetivo não é impedir o abrigamento; o objetivo é defender e garantir o direito da criança. Como ela tem direito à convivência familiar e comunitária, em primeiro lugar você pensa em todos os recursos para garantir esse direito. Em segundo lugar, se essa convivência não é possível, acho que se trata de pensar que outras formas de acolhimento dessa criança são melhores, no caso, para ela. É aí que entram os programas de família substituta, de guarda. Pode até ser que o abrigamento seja necessário em vários casos, em defesa dos direitos das crianças" (entrevista com técnica de um projeto municipal, Recife).

Gestão das iniciativas

A maior parte das iniciativas contempladas neste capítulo é desenvolvida por organizações não-governamentais, muitas vezes financiadas por organismos internacionais e sem ligação com a esfera pública, embora existam parcerias e interlocuções com entidades governamentais. Conseqüentemente, essas iniciativas encontram dificuldades em relação à multiplicação de suas ações e permanecem apartadas do escopo das políticas públicas.

O custo/benefício normalmente é alto, pois engloba uma série de ações especializadas, que devem ser individualizadas e dão conta de uma parcela da população reduzida e bastante específica. Do ponto de vista político, pode ser visto como oneroso e desinteressante aos governantes, o que denota falta de conhecimento e visão do gestor, pois é sabido que é muito mais dispendioso manter estabelecimentos de abrigamento de crianças. Do ponto de vista social, é trabalho de ponta em sintonia com a Política Nacional de Assistência Social que prevê a matriz do atendimento na família. Na lógica da concepção atual de assistência, não cabe mais priorizar a criança e o adolescente sem considerar o seu contexto, sua história e as reais possibilidades que sua estrutura familiar nuclear ou ampliada pode oferecer, se devidamente acolhida em suas fragilidades.

Denota-se aqui uma distorção no que tange às esferas pública e privada quanto a responsabilidades e atribuições. Entendemos que a assistência social é responsabilidade prioritariamente do Estado e que qualquer iniciativa não-governamental, por melhor que seja seu desenho e impacto, sozinha não tem condições de dar conta das múltiplas demandas existentes. E não cabe a elas assumir esse papel. Os bons resultados das iniciativas citadas merecem todo o reconhecimento e constituem importante insumo para subsidiar políticas públicas e seus desdobramentos práticos. Estas iniciativas refletem a garra e a competência de inúmeros profissionais, porém não deveriam exercer atribuições pertinentes ao poder público. Esta confusão de papéis e responsabilidades é um problema antigo, também presente nas demais esferas de atuação do Estado, como a educação e a saúde, por exemplo. É, sem dúvida, um desafio a ser enfrentado pelo país.

Desafios e possíveis caminhos

Neste capítulo, tratamos de um espectro muito amplo de demandas que incluem toda uma população considerada em situação de risco e vulnerabilidade. Ilustramos a discussão com alguns exemplos de respostas oferecidas por iniciativas em curso no país, respaldando-nos em orientações já existentes nas esferas da legislação (ECA) e das políticas sociais e de assistência (SUAS).

As iniciativas aqui apresentadas têm muito a ensinar com base na experiência adquirida pelos profissionais que as desenvolveram. As entrevistas refletiram as idéias e o profundo engajamento de um grupo de profissionais que se revelou ciente dos desafios a sua frente e mostrou acreditar no que faz. Um elemento que destacaram é a importância de manter uma postura de respeito aos pais e ao seu direito de continuar criando seus filhos, mesmo em meio às situações adversas que enfrentam.

Sintetizaremos, a seguir, alguns pontos que emergem deste capítulo na forma de desafios e possíveis caminhos para subsidiar políticas e práticas que promovam o direito à convivência familiar e comunitária.

- A idéia e a atitude de acolher

"Acolher" reporta à idéia de cuidado. Acolher as famílias que necessitam de apoio é uma forma de acolher seus filhos e garantir a convivência familiar e comunitária de crianças e adolescentes. A prática de acolher, neste contexto, está associada ao referencial de direitos humanos e refere-se à noção de que viver com dignidade é um direito do cidadão.

- Alegar pobreza não basta

A situação de pobreza não explica e muito menos justifica as violações de direitos de crianças e adolescentes, como os casos reportados de exploração e abuso. Porém, ela constitui um dos desafios para os quais devem existir respostas priorizadas pelo poder público, pois debilita a família no cumprimento de seu papel parental.

- Leque de possíveis respostas

A cada caso que se apresenta, lida-se com uma multiplicidade de situações para as quais não há modelos ou respostas únicas, e sim um amplo campo de possíveis respostas a serem tentadas. Portanto um programa, um projeto, uma "bolsa" etc., por melhor e mais generosos que sejam, não resolverão isoladamente os problemas envolvendo as famílias e seus filhos. Mais do que modelos que deram certo em determinadas circunstâncias, é preciso criar um leque de possibilidades de respostas, garantindo a continuidade do atendimento, por meio de múltiplos serviços que atendam às diferentes demandas de cada caso.

- Fortalecendo os elos

As respostas que conduzem ao afastamento da criança de casa são inadequadas e pouco efetivas na superação das fragilidades que levaram à situação de vulnerabilidade. Condições dignas de vida e formas consistentes de suporte para a criação dos filhos poderiam evitar separações desnecessárias e fortalecer os elos entre criança/adolescente, família e o meio a que pertencem.

- Articulação e interdisciplinariedade de respostas

As iniciativas que se empenhavam em articular seus serviços com uma gama de outros profissionais, disciplinas e organizações, complementando sua atuação, afirmaram que aumentavam significativamente as chances de sucesso no atendimento aos casos que lhes chegavam.

- Gestão e execução: clareza de responsabilidades e atribuições

Vimos que há tensões que revelam falta de clareza de responsabilidades e atribuições entre as diversas instituições atuantes e entre as esferas pública e privada. Nos exemplos que ilustraram este capítulo, ficou claro que muito do que é feito no campo fundamental de apoio à população no cuidado das crianças/adolescentes permanece sob a responsabilidade de organizações não-governamentais, que se vêem, com freqüência, diante da impossível missão de responder às demandas com que se deparam.

Este, como alguns dos pontos acima, reaparecerão nos próximos capítulos do livro, pois constituem desafios e impasses que perpassam diversos campos de políticas e práticas que se interconectam, como os da assistência social, saúde, educação e desenvolvimento econômico.

Alguns dos entrevistados apontaram outra esfera delicada de impasses referentes à demanda e oferta de serviços. Falou-se da dificuldade de aceitação e adesão por parte dos próprios usuários, que nem sempre se interessam pelo que lhes é oferecido. Isso aconteceria por vários motivos, como, por exemplo, a distância ou o desencontro entre o que se oferece de apoio e as reais necessidades dos usuários; a recusa em aceitar a doença e o tratamento; o fato das ruas proporcionarem benefícios superiores aos oferecidos por um programa; o tráfico de drogas e outras atividades ilegais nas comunidades, na medida em que atrai os adolescentes e dificulta o trabalho de visitas.

O desencontro entre oferta e demanda constitui uma questão da maior importância, mesmo nos países em que há melhor distribuição de renda e cobertura mais ampla de assistência e garantia de direitos sociais. Uma pesquisa realizada na Grã-Bretanha, incluindo cerca de 1.800 pais com filhos em idade inferior a 18 anos, abordou este ponto, concluindo que é fundamental escutar atentamente a demanda antes de qualquer ação:

> "O receio dos pais sobre a perda de sua autonomia ou controle da situação, em parte, vem da sensação de que os serviços oferecidos não trabalham a seu favor, mas sim contra. Entre as famílias mais pobres existe um sentimento forte de auto-suficiência, e a interferência externa muitas vezes conduz a resultados danosos, ao invés de positivos. Vimos, portanto, que o ponto de partida para qualquer dos projetos é a consulta prévia aos pais para saber exatamente do que precisam e como deve ser executado.
>
> De acordo com uma das mães entrevistadas:
>
> 'Apoio quer dizer que você ainda está no comando, a mãe ou o pai estão buscando por ajuda ou conselho — mas você está no comando. Você não está simplesmente dando o seu filho para que uma outra pessoa cuide dele'" (Ghate e Hazel, 2005: 11).

Capítulo 4
Acolhimento Familiar

Discutimos nos capítulos anteriores a importância do convívio familiar para a criança e o adolescente. Ressaltamos que se trata de um direito, assegurado por lei, mas que permanece no papel, na medida em que não existem políticas públicas solidificadas no país para a sua garantia.

É importante considerar as complexidades do contexto no qual o tema do acolhimento familiar se insere para podermos identificar os principais desafios e possíveis soluções. Se uma determinada família dá os primeiros sinais de que precisa de apoio, o que fazer? A quem recorrer? Com quem contar? São nestes momentos iniciais de crise que surgem as melhores oportunidades para evitar que os filhos sejam simplesmente afastados de casa e institucionalizados, deixando-se de enfrentar os problemas e até agravando-os.

Tendo-se clareza quanto às diretrizes, fica mais fácil buscar as opções práticas de atendimento ao núcleo familiar. A meta é manter a criança e/ou adolescente no seu contexto familiar e comunitário. Todos os esforços serão realizados para apoiar esse núcleo. Porém, nem sempre é possível fazer isso sem que a criança corra riscos. É esse diagnóstico, muitas vezes, delicado e sutil, que determinará os passos seguintes.

Neste capítulo, focalizaremos aqueles casos nos quais se decide que a criança precisa ser afastada de casa. O ideal é que se encontre para ela um outro ambiente familiar que a acolha temporariamente enquanto se empreende esforços para apoiar a família no que for necessário. O objetivo será, então, buscar uma família que se disponha a acolhê-la. Quanto mais próxima à sua família de origem, maior será a chance de não serem rompidos os vínculos existentes. Manter esses elos com a família e o entorno de vida da criança pode parecer impossível em certos casos, dada a complexidade dos problemas apresentados pelas famílias e as dificuldades de resposta pelo poder público. Porém, há quem esteja pondo isso em prática e conseguindo bons resultados. É com base nessas experiências que passamos a discutir as possibilidades de implantação e funcionamento da proposta de acolhimento familiar no Brasil.

A partir da análise da literatura e da consulta a diversos profissionais e instituições no país, foram identificadas sete experiências em curso.[1] Além de visitar as iniciativas e entrevistar várias pessoas envolvidas no cotidiano de trabalho, a equipe de pesquisa manteve diálogos com um grande número de profissionais, sobretudo no Rio de Janeiro, onde a proposta de acolhimento familiar vem sendo desenvolvida e debatida há vários anos, englobando a parceria de instituições públicas e privadas.

Em seguida, discutiremos diversos aspectos das iniciativas que compuseram nosso estudo. Começaremos por uma parte conceitual, definindo *acolhimento familiar*, o cerne das propostas em desenvolvimento no Brasil, seus objetivos e a quem se dirigem. Depois, nos concentraremos nos aspectos processuais: formação e preparação das equipes de profissionais, as metodologias de trabalho e a gestão. Por fim, formularemos algumas considerações sobre os desafios identificados quanto à implementação de políticas públicas em escala mais ampla, acompanhamento e avaliação das iniciativas, bem como a proposição de possíveis caminhos.

---

1. Estas experiências estão sendo desenvolvidas nas regiões Sudeste e Sul do país, nos estados do Rio de Janeiro, Minas Gerais, São Paulo, Santa Catarina e Rio Grande do Sul. Não parece haver um motivo específico do porque elas se situam nessas regiões. A proximidade, facilitando a divulgação e o intercâmbio, e a adesão dos governos locais a tais pressupostos de atendimento podem talvez explicar o fato. Nossa escolha não foi intencional. Os contatos foram fluindo a partir das indicações recebidas. São Paulo foi o precursor no Brasil.

Vale lembrar um ponto que destacamos nas primeiras páginas do livro. A meta aqui é ir além da indicação de modelos que deram certo, é discutir diversos elementos, não necessariamente comuns entre as sete iniciativas visitadas, que vêm compondo as experiências em curso no Brasil. Destacamos a importância da reflexão e da análise que se desdobram destas iniciativas, mais do que passos a serem seguidos à risca, tendo-as como pilotos. Até porque elas nos ensinaram que o trabalho realizado, às vezes longe de ser o ideal planejado, deu-se da maneira que foi possível, dependendo das circunstâncias. É essa riqueza que emana do processo de concretização das propostas, com seus impasses inesperados e sucessos que nos propomos a sistematizar a título de socialização das experiências já acumuladas no país.

O que é acolhimento familiar

A primeira consideração a fazer a respeito da conceituação de acolhimento familiar é que constitui uma prática bastante antiga e desenvolvida por diferentes sociedades com características peculiares. Acolher, informalmente, filhos de outras pessoas parece ter sido prática popular de cuidados em situações específicas. Aqui nos interessa definir e discutir o conceito revestido de um caráter de formalidade, ou seja, o acolhimento familiar como uma modalidade de atendimento destinado a crianças e adolescentes que, por algum motivo, precisam ser afastados de sua família, em caráter provisório e excepcional, e são inseridos no seio de outra família, que é preparada e acompanhada como parte de uma proposta de política pública.[2]

Nos últimos anos, a questão vem sendo abordada de forma sistemática, a partir da experiência desenvolvida no município do Rio de Janeiro no programa "Família Acolhedora". Os debates promovidos pelas equipes da Associação Brasileira Terra dos Homens (ABTH), no Rio de

2. As famílias que acolhem crianças recebem várias denominações pelos projetos, tais como "família acolhedora", "família de apoio", "família guardiã", "família hospedeira", entre outras.

Janeiro, do Projeto Sapeca, em Campinas e do Programa Famílias de Apoio, em São Bento do Sul, têm possibilitado o aprofundamento do tema, incluindo algumas experiências internacionais.[3] Com base no material produzido até o presente, pode-se definir o conceito de acolhimento familiar como:

> "Ato de criar o(s) filho(s) de uma outra pessoa.
>
> Uma família que recebe uma criança que precisa de cuidados e por ela se responsabiliza.
>
> Trata-se de uma prática mediada por uma autoridade, com um plano de intervenção definido, administrada por um serviço através de recursos disponíveis, conforme política pública estabelecida" (Cabral, 2005: 10, 11).

Em outros países, como nos Estados Unidos, Inglaterra e França, a experiência surgiu desde o início do século XX como uma alternativa à institucionalização. Recentemente, esses países vêm avaliando os sistemas criados e propondo mudanças. Por exemplo, nos Estados Unidos vem se questionando o fato de que o acolhimento familiar (*foster care*), com as especificidades daquele país, transformou-se em um sistema pesado, em que muitas crianças acabam sendo transferidas de casa em casa e o retorno à família é difícil. A tendência tem sido buscar alternativas de permanência na própria família ou com outros parentes (Courtney, 2005; Schuerman, Rzepnicki, Littell, 1994).

---

3. O programa nasceu de uma política deliberada pelo CMDCA em 1996 e que foi incorporada pela então Secretaria Municipal de Desenvolvimento Social em parceria com a ABTH e a Pastoral do Menor a partir de 2000. As informações que serviram de base para nossa análise neste livro foram extraídas de entrevistas realizadas entre o final de 2004 e maio de 2005, portanto antecedendo às mudanças recentes promovidas pela atual Secretaria Municipal de Ação Social em relação a este programa. Estas mudanças acabam de ocorrer e não se dispõe de dados que permitam qualquer tipo de análise (Resolução nº 009 do Diário Oficial do Município do Rio de Janeiro, de 06 de fevereiro de 2006). O programa foi incorporado às políticas do governo Municipal, não contando mais com a participação de organizações não-governamentais.

Um ponto a destacar é que as experiências do Rio de Janeiro e de Campinas foram amplamente debatidas nos I e II Colóquios Internacionais, realizados nas duas cidades, em abril de 2004 e novembro de 2005, respectivamente. Estes espaços de reflexão e debate têm possibilitado um rico intercâmbio entre profissionais no Brasil e no exterior.

A experiência argentina também tem sido fonte de aprendizado. Segundo Matilde Luna (2001: 21), o acolhimento familiar é "a prática que leva a um sujeito, criança, adolescente ou adulto a conviver como membro transitório ou definitivo de outra família que não é a família na qual nasceu". Não há, portanto, vinculação filiatória, ou seja, ao ingressar na família que o acolhe, o indivíduo não adquire caráter legal de filho (Luna, 2001: 116). A autora ratifica a definição de acolhimento familiar utilizada pela maioria dos profissionais da área, na qual a transitoriedade e a transferência momentânea de responsabilidade no cuidado com a criança ou o adolescente são características marcantes no processo formal de acolhimento, assim como a mediação desse processo por uma instituição governamental.

No Brasil, as experiências em desenvolvimento têm enfatizado a importância da meta de preservação dos vínculos familiares. O acolhimento é sempre acompanhado da implementação de ações que visem melhorar as relações familiares para que a criança/adolescente possa retornar à sua família de origem.

Valente ressalta o aspecto da proteção à criança, quando se considera necessário o afastamento da família de origem. Para ela:

> "família acolhedora é aquela que voluntariamente tem a função de acolher em seu espaço familiar, pelo tempo que for necessário, a criança e o adolescente vítima de violência doméstica que, para ser protegido, foi retirado de sua família natural, respeitada sua identidade e sua história" (2004: 35).

Como modalidade formal de defesa de direitos, o acolhimento familiar surgiu pela necessidade de evitar o encaminhamento de crianças e adolescentes a instituições. Nesse período, ele começa a funcionar em alguns estados brasileiros de forma incipiente. Pode-se dizer que se registraram avanços nos últimos anos, embora ainda sejam muitos os desafios para que a proposta seja articulada enquanto política pública em âmbito nacional. Um dos primeiros passos nesse sentido pode ser exemplificado pela criação do Programa de Atenção Integral à Família (PAIF),[4] que, através do Sistema Único de Assistência Social (SUAS), prevê uma rede de proteção a qual situa o acolhimento familiar como uma modalidade de Proteção Social Especial de Alta Complexidade.[5]

Passamos agora a focalizar os aspectos conceituais e processuais concernentes aos programas em desenvolvimento no Brasil por nós estudados.

Origem das iniciativas

Em geral, essas iniciativas nasceram da necessidade de buscar formas alternativas de cuidado temporário para as crianças em situação de violação de direitos. O poder público permeia esses progamas, envolvendo diferentes órgãos, tais como Prefeituras, Conselhos Tutelares, Conselhos de Direitos da Criança, Juizados da Infância e Juventude e Ministério Público. Um dos entrevistados destaca esse enlace de parcerias, como também um dos desafios para sua implantação:

> "Foi criado o Projeto... em parceria com o Poder Judiciário, realizado de forma voluntária por famílias da comunidade. O projeto diminui o abrigamento e tem uma relação custo/benefício muito positiva em relação aos tradicionais abrigos. Porém, há necessidade de investimentos financeiros para auxiliar as famílias que se dispõem a cuidar das crianças" (entrevista com profissional de um projeto municipal, São Paulo).

---

4. O Programa de Atenção Integral à Família (PAIF) é o principal programa da Proteção Social Básica, do SUAS. Desenvolve ações e serviços básicos continuados para famílias em situação de vulnerabilidade social na unidade do CRAS. O PAIF foi criado em 18 de abril de 2004, pela Portaria n. 78 do MDS.

5. Veja também a Portaria n. 444, de 23 de agosto de 2005, que regulamenta os Pisos da Proteção Social Especial estabelecidos pela Norma Operacional Básica — NOB/SUAS, sua composição e as ações que financiam. Contempla o serviço de Família Acolhedora no Piso de Alta Complexidade.

O processo de implantação muitas vezes leva anos para ser totalmente concretizado e pode sofrer múltiplas alterações. Demanda local, disponibilidade financeira, comprometimento dos órgãos públicos e capacitação técnica são algumas das variáveis que podem influenciar no processo, como veremos adiante.

No que se refere aos objetivos das iniciativas estudadas, os entrevistados destacaram a meta de interromper o processo de violência doméstica cometida contra crianças e adolescentes, fortalecendo os laços familiares para que a família de origem seja potencializada no cuidado dos seus filhos.

Características do público-alvo

Crianças e adolescentes

Características similares permeiam o grupo beneficiado por esses projetos: carência econômica e residência em áreas periféricas das cidades onde os serviços públicos são geralmente escassos e deficientes; saúde debilitada, problemas familiares, entre eles, negligência e outras formas interligadas de violência intrafamiliar.[6]

O público-alvo abrange crianças e adolescentes que tenham seus direitos ameaçados ou violados e necessitem de proteção; sempre com determinação judicial e em caráter de provisoriedade. Em geral, atendem-se crianças e adolescentes entre 0 e 14 anos, havendo grande dificuldade em conseguir famílias acolhedoras dispostas a cuidar de uma faixa etária superior a essa. Os adolescentes, por sua vez, com freqüência resistem ao acolhimento familiar, pois há outras prioridades em suas vidas, como, por exemplo, a necessidade de buscar trabalho e de garan-

6. Em diversas entrevistas, mencionou-se a negligência como o principal problema que levava ao afastamento da criança de casa. Diante de nossa solicitação aos entrevistados para que definissem negligência, a maioria hesitou, demonstrando que se trata de uma categoria na qual cabem situações muito diversas. Alguns assinalaram a necessidade de redefinição deste conceito.

tir seu sustento. Os profissionais entrevistados demonstraram a preocupação em se pensar alternativas para o atendimento a adolescentes.

Famílias de origem

Conforme apontamos anteriormente, as famílias, em geral, apresentam dificuldade em cumprir com seus deveres parentais, devido a inúmeras adversidades de natureza econômica, social e psicológica. São famílias com competências e limitações como quaisquer outras; contudo, enfrentam situações que demandam apoio externo para superarem os problemas familiares.

Os responsáveis pelas crianças e adolescentes têm um perfil parecido, segundo relato a seguir de uma técnica entrevistada. Não por acaso, ela se refere aos mesmos no feminino, pois muitas destas famílias são chefiadas por mulheres que tiveram filhos com diferentes companheiros, os quais não compartilham com elas a responsabilidade parental.

> "Estão na faixa etária de 20 a 30 anos; estão desempregadas; escolaridade muito baixa ou nenhuma; já sofreram alguma violência em suas vidas, geralmente sofreram violência do marido e família; muitas vezes não têm rede, rede de amigos, rede de apoio ou comunitária; então são famílias muito isoladas" (entrevista com técnica de um projeto municipal, Rio de Janeiro).

Um outro aspecto abordado foi a questão dos recursos. As entrevistas revelaram que freqüentemente não há subsídio financeiro para as famílias de origem. Na opinião de alguns técnicos, este é mais um desafio para o seu trabalho, pois são famílias que muitas vezes enfrentam muitas dificuldades financeiras.

O perfil das famílias que passam pela experiência formal de acolhimento familiar é semelhante ao descrito por alguns autores de outros países. Por exemplo, na Argentina, geralmente ocorre a intervenção jurídica sobre um ou mais filhos; as famílias são formadas por pais separados ou divorciados, nas quais a mãe cuida de filhos provenientes de várias uniões. Há também aqueles que possuem doenças mentais graves, ficando incapacitados de cuidarem de seus filhos, assim como, os dependentes químicos, desempregados, entre outros (Luna, 2001).

Um dos pontos mais importantes e inovadores que os profissionais destacaram refere-se à possibilidade de contato e de trocas entre a família de origem e a família que acolhe durante o processo de inserção nos programas. Foi relatado que é interessante haver uma aproximação gradativa das famílias para que não se perca a possibilidade de trabalhar a reconstrução dos vínculos familiares. Como veremos adiante, o acompanhamento realizado junto a essas famílias apresenta diferenças entre os programas. A maior parte deles entende a importância do trabalho conjunto entre os três agentes principais: criança/adolescente, família de origem e família que acolhe, mesmo que na prática isso possa apresentar dificuldades.

Profissionais envolvidos

As equipes técnicas dos projetos são multiprofissionais, porém o trabalho em dupla entre assistente social e psicólogo no atendimento direto às famílias tem sido um diferencial em alguns estados, trazendo resultados muito positivos. Observamos que algumas equipes encontram-se semanalmente para trocas de experiências, estudos de casos e capacitações em diferentes temáticas relacionadas ao trabalho desenvolvido. Os técnicos dos programas podem desempenhar múltiplas funções e contar com o apoio das prefeituras ou redes de apoio social para algumas delas. Em geral, estes profissionais são responsáveis pela divulgação do projeto, seleção da família acolhedora, atendimento às famílias de origem e acolhedoras, atendimento às crianças e encaminhamento para tratamento quando necessário e atendimento "in loco".[7]

---

7. Alguns projetos de acolhimento familiar englobam também a modalidade "in loco", ou seja, o atendimento à família responsável pela violação do direito da criança no próprio local de moradia. Neste caso, a criança não é afastada de casa. São casos de violência considerados mais brandos e

A coordenação técnica atua no âmbito governamental e não-governamental, em geral, com as seguintes atribuições: estabelece articulações e parcerias, monitora e avalia o andamento dos casos, supervisiona os técnicos da ação direta, responde pelo trabalho da equipe em reuniões regionais, elabora relatórios, estimula a divulgação do projeto e busca atingir as metas estabelecidas.

Nem todos os projetos pesquisados possuíam atribuições específicas para os diferentes profissionais, pois este tipo de trabalho ainda é muito recente no Brasil. A despeito das limitações de tempo e recursos, observamos, em alguns estados, esforços de articulação através da formação de grupos intersetoriais e interdisciplinares de discussão e ação conjunta nos diferentes casos que atendiam. Deve-se destacar a importância dessa prática para a interconexão dos profissionais e instituições envolvidos no processo de acolhimento, evitando o atendimento isolado e as ações fragmentadas.

Capacitações técnicas

A capacitação das equipes técnicas varia nos diversos programas estudados. A maioria dos profissionais tem procurado aperfeiçoamento em diferentes locais, no Brasil e mesmo no exterior, em países como a Argentina e a França, conforme mencionamos.

No Brasil, algumas organizações não-governamentais e universidades têm contribuído nessa direção, ao promoverem a sistematização de práticas de atendimento, o desenvolvimento de cursos de capacitação, projetos de pesquisa e publicações sobre temas correlatos. Além disso, nos últimos anos, vem se intensificando a realização de semina-

---

facilmente reversíveis, por meio de orientação e atendimento de cunho psicossocial. Teoricamente, a modalidade "in loco" não está associada à idéia de acolhimento familiar, pois a criança permanece na casa dos pais; porém ela surge desta forma em alguns casos. A experiência é, sem dúvida, importante e pode ser considerada como mais uma estratégia para evitar o rompimento do vínculo entre a criança e sua família, como apontamos no capítulo anterior.

rios, encontros, grupos de discussão e grupos de estudos, em alguns Estados.[8] Esses eventos e materiais denotam o grande interesse que o tema tem despertado.

Os esforços das equipes em aprimorar a metodologia de atendimento e o investimento em capacitações têm apresentado bons resultados, conforme atestam vários dos profissionais entrevistados. Porém, foi enfatizada a necessidade de capacitação sistemática e continuada para toda a equipe.

Aspectos legais

A legislação que fundamenta o acolhimento familiar como prática formal de defesa dos direitos da criança preconiza a presença de ações de apoio por parte do Estado na vicissitude da família não se encontrar em condições de cuidar de seus filhos.[9] Nestes casos, repetimos, deve-se priorizar todas as formas possíveis de garantia do direito da criança/adolescente à convivência familiar e comunitária.

Esta é a orientação consoante à lei, porém nem sempre possível de ser cumprida, na medida em que a criança corra perigo e precise ser protegida do seu meio familiar/comunitário. A orientação é buscar formas de apoio junto à família extensiva. Porém, essa possibilidade nem sempre existe e há casos em que a criança/adolescente precisa de uma proteção mais ampla.

Conforme discutiremos no próximo capítulo, o encaminhamento a abrigos deve ser de fato a última alternativa. Mas, por vezes, o afastamento de casa é inevitável e devem existir espaços preparados para receber a criança. Mesmo assim, argumentaremos que as instituições tam-

---

8. Cabe destacar o empenho do escritório do UNICEF no Brasil em promover e apoiar diversos desses encontros, bem como publicações.

9. Convenção das Nações Unidas sobre os Direitos da Criança e Estatuto da Criança e do Adolescente.

bém devem ser acolhedoras e provisórias, tendo como meta o retorno da criança ou adolescente à vida em contexto familiar. Aqui, o esforço será no sentido de apoiar a família para que ela tenha condições de manter seus filhos. Ou quando essa possibilidade não existir, que se encontre o contexto familiar/comunitário capaz de acolher a criança de forma permanente.

Um dos pontos que nossos entrevistados revelaram é que, ao emergirem as primeiras proposições e experiências de acolhimento familiar, as articulações na esfera do judiciário foram fundamentais, a fim de viabilizá-las:

> "A inexistência de um local intermediário, entre a retirada das crianças e a adoção ou outro encaminhamento, mobilizou os profissionais a promoverem fóruns de debates, na busca de outras opções e de soluções viáveis a esta questão, concluiu-se que a medida de guarda, requerida por famílias, da própria comunidade, seria recurso importante a ser acionado. Assim, no ano de 1998 foi implantado o Programa denominado 'Família de Apoio'" (entrevista com técnica de um projeto municipal, Franca, São Paulo).

No Brasil, não há uma legislação específica referente ao acolhimento familiar. Esta lacuna não impede o seu desenvolvimento, mas pode dificultá-lo. O aparato jurídico-administrativo que regulamenta esta modalidade de atendimento nos municípios ainda é incipiente.

Apesar disso, portarias, deliberações e até um decreto municipal foram criados nos municípios para que o trabalho pudesse ser realizado. Observa-se uma tendência gradual no sentido de se efetivar a regulamentação em nível nacional com vistas a legitimar modalidades de acolhimento enquanto política pública. Um exemplo disso é o já citado Plano Nacional (dezembro de 2006). Neste documento recomenda-se a regulamentação de programas e serviços de famílias acolhedoras, o que deverá facilitar a sua legalização em algumas regiões.

Guarda

Verificamos que a guarda da criança nem sempre é dirigida à família que acolhe. Em alguns casos, ela é destinada ao coordenador do programa. Sua duração estende-se ao período de inclusão e permanência da criança no programa. Possuindo ou não a guarda da criança, a família que acolhe, em geral, fica responsável por todas as atribuições listadas no Estatuto da Criança e Adolescente[10] (assistência material, moral e educacional). Além disso, ela deve participar ativamente de todo o processo de acolhimento proposto pelo projeto e cooperar para que se concretize a reintegração. Espera-se da família que acolhe que proporcione à criança condições para seu desenvolvimento em todos os sentidos. A idéia primordial é que a família que acolhe uma criança, de certa forma, também acolhe a família de origem, apoiando-a no momento de crise.

> "É preciso saber que as famílias de apoio (acolhedoras) não são substitutas, apesar de fazerem papel de maternagem. Somos um país pobre e não podemos criar a idéia de que o pobre não sabe cuidar de seus filhos, então tira do pobre e põe naquela que tem condições. É preciso tomar cuidado para que não entre numa questão de mãe boa e mãe ruim" (Gulassa, 2005).

Por esse motivo faz-se necessário a constante capacitação das famílias acolhedoras no sentido de elas estarem preparadas para o principal objetivo do programa, que é o retorno da criança à família de

10. Art. 33 — A guarda obriga a prestação de assistência material, moral e educacional à criança ou adolescente, conferindo a seu detentor o direito de opor-se a terceiros, inclusive aos pais.

§ 2º Excepcionalmente, deferir-se-á a guarda, fora dos casos de tutela e adoção, para atender direito de representação para a prática de atos determinados.

Art. 34 — O poder público estimulará, através de assistência jurídica, incentivos fiscais e subsídios, o acolhimento, sob forma de guarda, de criança ou adolescente órfão ou abandonado.

Art. 35 — A guarda poderá ser revogada a qualquer tempo mediante ato judicial fundamentado, ouvido o Ministério Público.

origem. Sem esse acompanhamento, corre-se o risco da família acolhedora ser mais uma a culpabilizar a família de origem e dificultar a reintegração.

Financiamento e utilização dos recursos

Em geral, é a administração municipal que se responsabiliza pelo financiamento dos programas; contudo, em alguns casos, organizações não-governamentais e convênios com empresas contribuem com os custos. Apesar da constatação do envolvimento financeiro das prefeituras na realização dos projetos listados nesta pesquisa, observamos que nem sempre a administração municipal investe com recursos suficientes para o pleno desenvolvimento dessa modalidade de atendimento. Além do apoio financeiro, a logística do atendimento demanda orientação técnica especializada, o que implica na necessidade de investimento contínuo em capacitação, procurando-se garantir a qualidade do programa. Em alguns casos, os técnicos são funcionários públicos, em outros, terceirizados. Geralmente a Prefeitura arca com a ajuda de custo destinada às famílias que acolhem, mas as mudanças políticas, muitas vezes, prejudicam o andamento dos projetos. A maioria dos profissionais entrevistados destacou a ameaça à continuidade dos programas como um elemento dificultador de todo o trabalho:

> "Essa questão de gestão pública traz a questão da descontinuidade — o projeto teve uma redução de técnicos e de verba. Os baixos salários fizeram com que muitos profissionais que foram capacitados no início saíssem, foi uma perda, do ponto de vista da metodologia" (entrevista com gestor de um projeto municipal do Rio de Janeiro).

Os recursos são destinados às capacitações das equipes técnicas e das famílias. Encontramos casos em que a alocação de recursos para as famílias acolhedoras era proporcional ao tempo de permanência da criança em sua residência.[11] O subsídio financeiro é maior para as famílias que acompanham crianças ou adolescentes com necessidades especiais. Nesses casos, o auxílio financeiro poderá ser fixado em até 3 (três) salários mínimos.

O Brasil não tem uma política de profissionalização dos acolhedores como outros países. Na França, por exemplo, há essa tradição, onde as chamadas assistentes maternais são remuneradas para desempenhar o papel de acolhedoras. A prática de recebimento de crianças varia de acordo com a infra-estrutura das prefeituras locais e disponibilidade das famílias para acolher.

O subsídio financeiro direcionado às famílias que acolhem é fundamental, já que, no Brasil, o acolhimento familiar não é considerado uma profissão e as famílias acolhedoras atuam de forma voluntária. Este recurso é destinado às despesas previstas no cuidado com a criança, tais como alimentação, vestuário, remédios, material escolar etc., levando-se em conta que as famílias acolhedoras vêm de contexto socioeconômico semelhante ao das famílias de origem. Seu valor varia de acordo com as possibilidades financeiras do projeto, a necessidade das famílias e a modalidade de intervenção junto à família de origem. Muitos dos entrevistados ressaltaram que o auxílio não é suficiente para assegurar todas as necessidades das crianças.

Alguns projetos dispõem de recursos para o pagamento de agentes administrativos e de serviços gerais, além de carro e motorista para visitas e afins, o que foi considerado importante. É necessária ainda alguma reserva financeira para contratação de profissionais responsáveis pelas capacitações.

Os projetos incorporados na gestão municipal normalmente envolvem técnicos concursados, que dedicam parte de sua carga horária ao programa. Em geral, utilizam-se espaços já existentes, como salas das

---

11. Lei n. 5.740, de 22 de agosto de 2002 (São Paulo). Esta lei estabelece auxílio financeiro proporcional às famílias do Programa Família de Apoio/SP. R$ 50,00 (cinqüenta reais), para permanência de até 8 (oito) dias; R$ 75,00 (setenta e cinco reais), para permanência de até 15 (quinze) dias; R$ 150,00 (cento e cinqüenta reais), para permanência de até 30 (trinta) dias.

prefeituras ou até mesmo locais cedidos por igrejas ou outras instituições. Um SESC[12] regional, por exemplo, poderá ceder espaço para capacitação de acolhedores. De acordo com os entrevistados, o acolhimento familiar no Brasil não é oneroso, ao contrário, é vantajoso para as prefeituras. Estes justificaram a afirmação, alegando que manter uma criança ou adolescente abrigado é mais caro e, muitas vezes, menos produtivo, tendo em vista a possibilidade de retorno à família.

Considerou-se, ainda, que é preciso incluir as famílias na rede de proteção social proposta pelo Estado, de acordo com a Política Nacional de Assistência Social, para que essas possam estar se fortalecendo através do acesso aos mínimos sociais previstos na Lei Orgânica da Assistência Social.[13]

Portanto, segundo as metodologias apontadas na pesquisa, projetos que envolvam ações de acolhimento familiar necessitam dos seguintes investimentos:

- Profissionais das áreas de psicologia e serviço social para atendimento às famílias e às crianças e/ou adolescentes;
- Capacitação das famílias acolhedoras;
- Capacitação dos técnicos envolvidos no programa;
- Incentivo financeiro para as famílias acolhedoras;
- Locais devidamente equipados para o atendimento às famílias de origem e acolhedora;
- Supervisão da equipe;
- Transporte para permitir o deslocamento da equipe em visitas domiciliares e das famílias até o projeto;
- Sistematização, avaliação e monitoramentos periódicos do projeto.

É importante ressaltar que os custos relacionados a cada um desses itens podem ser variados e respeitam a realidade de cada local. No en-

---

12. Serviço Social do Comércio.

13. LOAS — Lei Orgânica da Assistência Social, promulgada em 1993.

tanto, acreditamos que quanto maiores os investimentos nesse tipo de ação, melhor será a qualidade do atendimento, já que permitirá contemplar as despesas necessárias.

Sistematização das experiências

São poucos os dados quantitativos disponíveis de forma sistematizada nos programas até o presente. Dados precisos sobre o número de usuários das iniciativas e análises de custo-benefício ainda não existem. Os dados quantitativos levantados dão apenas um panorama da situação de acolhimento familiar no Brasil. Os números dos atendimentos variam em cada localidade; a grande maioria trabalha com números entre 15 a 32 acolhimentos anuais.

Apesar dos profissionais relatarem que consideram o investimento nesse tipo de ação baixo em relação ao acolhimento institucional, o investimento e a logística necessários para oferecer as capacitações e o acompanhamento continuado aos técnicos, famílias acolhedoras e família de origem muitas vezes limita o número de atendimentos em alguns municípios. O município do Rio de Janeiro tem números mais elevados devido a abrangência e à inclusão na sistematização do programa o atendimento feito às famílias *in loco*.[14]

O número de crianças atendidas em cada família varia de acordo com a disponibilidade da família acolhedora e o entendimento do projeto quanto a capacidade de manutenção da criança ou do adolescente. Informou-se que, na maioria das vezes, o número máximo de crianças acolhidas é três. Prioriza-se sempre a manutenção do grupo de irmãos na mesma família para que os vínculos familiares não se fragilizem ain-

14. Esses números incluem os atendimentos [feitos] "in loco", isto é, junto à família sem que a criança tivesse sido retirada de casa. Considerando-se essa modalidade, registra-se um número de atendimentos maior. Para o ano de 2005, são apresentados os seguintes dados: de janeiro a junho de 2005: 63; julho: 88, agosto: 70. No caso do "atendimento in loco": de janeiro a junho: 435 casos; julho: 311 e agosto: 304. Esses dados foram obtidos junto à Prefeitura do Rio de Janeiro.

da mais. Há práticas diferenciadas em outros países.[15] No Rio de Janeiro, utiliza-se o atendimento individual por família acolhedora, exceto em casos de irmãos.

Metodologia

Os métodos de trabalho apresentam vertentes diversificadas em diferentes localidades. Por exemplo, em uma região de Belo Horizonte, a colocação familiar somente acontece na família extensa. Segundo informações prestadas pela equipe, foi formulada uma proposta de iniciar o acolhimento fora do núcleo de origem, mas não se tem previsão de quando. No Rio de Janeiro, pelo contrário, o encaminhamento se dá quando cessadas todas as possibilidades de envolvimento da família extensa.

A experiência brasileira é rica e traz importantes contribuições nesse sentido. Um diferencial assinalado por vários executores dos programas é justamente a manutenção dos vínculos entre os diversos atores envolvidos no processo de acolhimento. Alguns atuam nessa linha considerada mais horizontalizada.[16] Porém, não encontramos unanimidade quanto a essa forma de atuar, principalmente com as famílias de origem. Constatamos também que o Conselho Tutelar tem um papel fundamental na realização do acolhimento, pois é um órgão que recebe o caso e que, normalmente, sugere a medida a ser aplicada.

> "A metodologia é a seguinte: quando o Conselho Tutelar acessa a equipe, a equipe vai e coloca a criança na família e faz um trabalho tanto com a

---

15. Na Argentina, por exemplo, há famílias que recebem até cinco crianças para acolhimento de uma só vez.

16. Observamos essa forma de atuar no Rio de Janeiro, por exemplo. No contexto argentino, Luna descreve a metodologia de "ajuda horizontal entre famílias" (2001: 37), na qual se trabalha com as duas famílias e os técnicos responsáveis pela intervenção entre ambas. A autora salienta a importância do conhecimento mais aprofundado das características identitárias e culturais da criança ou do adolescente acolhido para que possa ser mais bem compreendido e cuidado.

família de origem como com a família acolhedora. O encontro se dá uma vez por semana para que se mantenham os vínculos com a família de origem" (entrevista com gestor de um projeto municipal, Rio de Janeiro).

Sistematização de etapas do processo de acolhimento familiar

Listaremos abaixo as metodologias e os procedimentos seguidos pelos programas considerados neste estudo, com base nos relatos dos profissionais entrevistados. Ao descrevermos esta seqüência de etapas, a proposta é focalizar um pouco da diversidade de práticas adotadas pela maioria dos programas contemplados. Consideramos que este exercício possa ser útil para outras iniciativas em diferentes fases de elaboração e implementação nos país.

1ª etapa: seleção das famílias acolhedoras

Procura-se divulgar e sensibilizar as comunidades para atrair famílias aptas a acolher crianças. Em alguns municípios, onde o programa já possui um reconhecimento, não é necessário empreender muitos esforços nesse sentido. Já em outros, não há famílias suficientes para acolher. Quando há divulgação do trabalho, uma família indica a outra que participa da capacitação e fica disponível no cadastro de famílias dispostas a acolher.

Os pré-requisitos para o acolhimento familiar assemelham-se nas diferentes localidades pesquisadas. Os acolhedores devem ter, em geral, idade superior a 21 anos, residir no município ou proximidades, não havendo restrições quanto a sexo e estado civil. Deve haver concordância de todos os membros da família a respeito do acolhimento, disponibilidade emocional para cuidar e tempo suficiente para atender às necessidades das crianças e adolescentes acolhidos.

Outros aspectos avaliados na seleção da família acolhedora foram citados por Gomes: "... estar em condições favoráveis de saúde física e mental e não ter qualquer pendência judicial e problemas de alcoolismo e drogadição" (extensivo aos membros da família). (2004: 54)

As famílias acolhedoras moram, em geral, nas proximidades da família de origem[17] e precisam ter estabilidade financeira para seus gastos particulares, pois o subsídio oferecido pelo projeto muitas vezes não contempla nem mesmo os gastos completos com saúde, educação, lazer e outras necessidades básicas que devem ser oferecidas às crianças e adolescentes acolhidos.

Em geral, o técnico utiliza-se da entrevista para colher informações a respeito do candidato ao programa e suas motivações para este tipo de trabalho voluntário. Essa entrevista pode ser estendida a todos os membros da família, já que o acolhimento se dá por parte de todos os familiares. O entrevistador deve esclarecer ao candidato que o objetivo do atendimento é o acolhimento temporário e não a adoção.

Após entrevista inicial, o técnico visita o espaço onde a família vive para saber se há condições físicas para o acolhimento. Além disso, observa-se a dinâmica familiar e outros aspectos relacionados à convivência dos membros, tais como o relacionamento entre pais e filhos, a receptividade da família, o interesse pelo acolhimento, a disponibilidade e aceitação de todos. É importante que a decisão pelo acolhimento seja partilhada por toda a família.

Obtida a aprovação, após a visita domiciliar, e se houver concordância por parte de todos os membros, a família passa por um curso de capacitação em acolhimento familiar onde são abordados diferentes temas relacionados ao assunto:

> "O treinamento não é só com os adultos que estão fazendo a opção pelo acolhimento, mas, se têm adolescentes e crianças na casa, eles também passam pelo treinamento" (entrevista com técnico da família acolhedora do Rio de Janeiro).

---

17. Chamamos a atenção para este ponto, pois a possibilidade de estabelecimento de uma relação de troca entre as duas famílias parece constituir elemento importante para o sucesso da iniciativa.

Nestes encontros, a família que acolhe geralmente externa suas preferências quanto à faixa etária e tipo de criança/adolescente que se sente em condições de receber. Em alguns casos, pode haver dificuldade para lidar com alguns problemas, como, por exemplo, a violência sexual. Nesses casos, a família acolhedora pode argumentar sua incapacidade de lidar com a situação e optar por não acolher.

Cria-se então um banco de famílias. Estas permanecem em preparo, à espera do acolhimento propriamente dito.

2ª etapa: acolhimento propriamente dito

O Conselho Tutelar, em geral, recebe a denúncia de violência doméstica. Ele deve entrar em contato com a família de origem e esgotar todas as possibilidades de permanência dessa criança/adolescente com sua família ou família extensa. Outras vezes, a criança é recebida pelos técnicos do programa de acolhimento familiar e serão estes a, posteriormente, entrarem em contato com a família. Em alguns casos mais graves, o Conselho Tutelar é obrigado a aplicar as medidas de proteção previstas no Estatuto da Criança e do Adolescente, ocasião em que a vítima é afastada da família autora da violência e acolhida.[18] Existe ainda a situação na qual a criança é encaminhada para acolhimento institucional e os profissionais do abrigo entendem que seja um caso indicado para inserção em um programa de acolhimento familiar. Nestas circunstâncias, o caso é reencaminhado para avaliação e posterior encaminhamento do Conselho Tutelar e demais órgãos competentes.

A equipe técnica do projeto é acionada pelo Conselho Tutelar. Os técnicos do projeto recebem a criança ou o adolescente com uma síntese do caso redigida, em geral, pelo conselheiro. Em alguns casos de abandono, as crianças já vêm encaminhadas com indicação para adoção e são acolhidas por uma família durante o período em que a Vara da Infância e

---

18. Estatuto da Criança e do Adolescente, artigo 98, incisos I a III; artigo 101, incisos I ao VII, e artigo 130.

da Juventude aciona o cadastro de adotantes. O projeto pode fazer a aproximação entre a criança e a família candidata, porém o trabalho de adoção é realizado pelos técnicos da Justiça da Infância e da Juventude.

Conforme indicamos, as crianças e adolescentes são, em geral, encaminhados aos programas pelos Conselhos Tutelares; porém também ocorrem casos de encaminhamento via Juizados da Infância e da Juventude e Ministério Público. Esses órgãos são os parceiros dos projetos, além de algumas Secretarias, Conselhos Municipais e abrigos, para citar alguns exemplos. Já houve caso em que a comunidade, diante de um caso de violência, encaminhou a criança diretamente aos técnicos do programa. Estes imediatamente entraram em contato com os órgãos competentes para que houvesse o procedimento de suspensão de guarda e acolhimento.

A inserção das crianças e adolescentes nos programas também pode ser feita através de determinação judicial. A opção pelo acolhimento familiar, em geral, é uma decisão dos técnicos do programa, juntamente do Conselho Tutelar ou do Juizado. A equipe do programa toma ciência da medida, entra em contato com a família, conhece a criança e faz um diagnóstico preliminar. Em seguida, o técnico do projeto aciona a família acolhedora mais adequada, que já foi previamente cadastrada e capacitada, avalia a situação da criança e a prepara para a entrada nessa nova família. A formalização da guarda geralmente se dá através de um acordo entre todos os atores locais: Juizados da Infância e da Juventude, Conselhos Tutelares, poder público e programa. Geralmente uma resolução local determina o procedimento jurídico, que, na grande maioria dos casos, é de uma guarda compartilhada entre família e projeto.

Geralmente o período de acolhimento varia de seis a doze meses, podendo ser prorrogado. Alguns condicionam os subsídios materiais e financeiros ao tempo de permanência no projeto. Há casos de apenas algumas horas de acolhimento e outros que ultrapassam 12 meses. O ideal é promover a reintegração o mais rapidamente possível. Ao final do processo são tomadas novas providências jurídicas quanto à cessão da guarda por parte do guardião.

Concomitantemente, está sendo preparada a documentação necessária para que a família acolhedora possa ter a guarda provisória da criança. Encontramos também programas em que a guarda é direcionada aos técnicos. Essa documentação é enviada para o Juizado da Infância e da Juventude.

Inicia-se o processo de acolhimento propriamente dito. Esse é o momento em que os técnicos, família acolhedora, família de origem e criança encontram-se. A freqüência dos encontros varia de acordo com o projeto. No Rio de Janeiro, por exemplo, eles acontecem semanalmente. A meta é, desde o início, tentar promover o retorno da criança ou do adolescente à família de origem no mais curto período possível.

Em algumas das entrevistas é sugerida a importância da participação da família de origem na construção de um novo planejamento de vida e apoio familiar. Entretanto, foram apontados alguns entraves que ocorrem no processo de construção da relação entre a família e os técnicos envolvidos. Sentimentos como impotência diante da situação, revolta, dificuldade de manutenção dos vínculos com os filhos afastados ou até mesmo um descrédito inicial na proposta de trabalho são alguns dos fatores citados.

> "No início, nem todas as famílias aceitam bem a entrada no Programa — há revolta, negação da violência" (entrevista com técnica de um projeto municipal, Campinas).

Alguns profissionais entrevistados expressaram o misto de sentimentos e dificuldades que surgem no decorrer do processo, como, por exemplo, lidar com o sofrimento dos pais perante o afastamento da criança/adolescente de casa. Para trabalhar essas dificuldades algumas equipes defendem a necessidade do encontro sistemático entre pais, filhos e famílias acolhedoras.

Podemos citar o caso do Rio de Janeiro, em que a equipe utiliza a técnica de intervisão[19] como um recurso para estudar os casos em aten-

19. Intervisão: termo utilizado pela ABTH para sugerir trabalho de supervisão horizontalizada, ou seja, todos os técnicos do projeto podem opinar sobre os casos apresentados, chegando a um consenso sobre a melhor forma de atuação.

dimento. Nesse momento, são discutidas também as dificuldades pessoais dos profissionais na resolução dos problemas com as famílias.

3ª etapa: o processo de retorno à família de origem

Este processo é conhecido como "reintegração familiar" e envolve vários atores: instituições, famílias, técnicos, rede social, entre outros. Fortalecer os vínculos familiares e potencializar a família de origem é um grande desafio nesse processo. Outro desafio é lidar com os preconceitos existentes a respeito das diferentes formas de arranjo familiar, procurando manter uma atitude de abertura.

Falar em reintegração familiar é falar em conjunto, em políticas voltadas para a família, em redes de serviços. As entrevistas revelaram que os projetos buscam valorizar a família de origem, estimulando o fortalecimento dos elos familiares e comunitários, sem contudo deixar de atuar sobre as possíveis causas da violação de direitos da criança ou do adolescente. Apesar de não termos observado o mesmo tipo de investimento no núcleo familiar por parte de todas as iniciativas, aqueles que o fazem enfatizam a sua importância para o sucesso da reintegração.

> "Famílias que acolhem, famílias de origem, crianças e adolescentes são atendidos através de uma abordagem psicossocial. São realizados encontros semanais entre as famílias e as crianças, com o acompanhamento dos técnicos da equipe. Nesses encontros, o momento é de visita da família de origem à criança para a manutenção do vínculo e construção de uma relação mais harmoniosa entre os familiares. São discutidos temas diversos e preconiza-se a mudança de cultura para a não-violência contra a criança e o adolescente" (ABTH, 2004: 155).

Contudo, apesar das dificuldades em que as famílias atendidas se encontram, a experiência das equipes dos projetos mostra que, com o apoio dos técnicos e da rede de serviços, as chances das famílias de origem superarem suas dificuldades e reassumirem suas funções de cuidadoras dos filhos são grandes. Nesse sentido, muito se ressaltou a importância de proporcionar o encontro das famílias de origem, acolhedoras e crianças/adolescentes o mais cedo possível, após a saída de casa. As famílias que acolhem podem exercer um papel fundamental para a manutenção dos vínculos familiares e para o bem-estar da criança/adolescente nesse momento delicado. A troca de experiências e a busca de superação das dificuldades pessoais são possibilitadas por meio da inclusão das famílias nos projetos. Ter a oportunidade de rever as relações familiares pode ser um ganho significativo para todos os envolvidos.

O desemprego e a falta de recursos financeiros para prover cuidados aos filhos são os principais fatores que dificultam o retorno à família. Trata-se de um problema que foge ao escopo de ação do programa, mas é uma realidade. Entre as famílias usuárias dos programas, predominam a baixa escolaridade e a pouca qualificação profissional. Por dificuldade ou impossibilidade de inserção das famílias no mercado de trabalho, o tempo de permanência no programa de acolhimento familiar pode se prolongar além do esperado. Este ponto reforça a necessidade de diagnóstico e de ações articuladas entre vários setores, ampliando a possibilidade de encaminhamento para outros tipos de programas sociais.

O retorno da criança ou adolescente para sua família é avaliado pelos técnicos dos projetos, mas a decisão final é do judiciário, que deverá acatar ou não o parecer: "a equipe avalia se a criança pode retornar à família natural, mas quem decide é a Vara da Infância e da Juventude" (entrevista com técnica de projeto municipal, Campinas).

Os critérios utilizados para o retorno da criança ou do adolescente ao lar guardam relação com o empenho que as famílias demonstram com suas atitudes frente à nova realidade proposta. Apontou-se ser necessário que haja uma reorganização da vida familiar, visando melhor responder às necessidades básicas da criança ou do adolescente.

O desejo de rever o(a) filho(a) e a qualidade do vínculo afetivo são fatores igualmente importantes nesse momento de avaliação. Um plano de ação criado junto com a família de origem no início do processo pode, a qualquer momento, ser revisto, avaliando-se as demandas iniciais. Muitas vezes o retorno está atrelado ao acompanhamento das famílias de origem pela rede de serviços, a qual, segundo indicou-se, precisa ser fortalecida em diversas regiões do país. O apoio da família extensa também é relevante neste momento do processo.

> "As questões de sucesso são subjetivas e avaliadas no conjunto do acompanhamento, como mudanças de comportamento em relação à saúde, escola, levar a criança na creche, procurar emprego, auto-estima" (entrevista com técnica de projeto municipal, Belo Horizonte).

Apesar dos projetos, em geral, não darem continuidade ao trabalho pós-reintegração no sentido de avaliar os resultados a longo prazo, Campinas apresentou uma forma de avaliação utilizada para pequenos programas de acolhimento chamada "avaliação iluminativa", com base nos autores M. Parlett e D. Hamilton (2000). De acordo com a entrevista realizada, esta avaliação serviu para referenciar a metodologia que hoje embasa o projeto e "... tem como principal preocupação a descrição e interpretação, em lugar da mensuração e da predição" dos dados coletados, trazendo resultados qualitativos atingidos pelo Programa no que se refere às mudanças de atitudes das crianças, família de origem e família acolhedora.

Alguns resultados qualitativos citados pela equipe de Campinas podem ilustrar a mudança de perfil das famílias de origem depois da passagem pelo projeto:

> "Assiduidade e freqüência no programa, uso de normas e limites, mudanças nos métodos educacionais, adesão a encaminhamentos e tratamentos, acesso ao mercado de trabalho, apresentação pessoal refletindo uma boa auto-estima, melhoria na comunicação e expressão e desjudicialização" (entrevista com técnica de um projeto municipal, Campinas).

O exemplo a seguir, extraído de uma entrevista realizada junto a equipe de um programa de São Paulo, ilustra bem um caso de reintegração familiar.

R. de 3 anos foi encaminhada ao projeto tendo sido abandonada pela mãe. A equipe técnica fez um trabalho investigativo, encontrando ambos os pais. O pai havia perdido contato com a criança há algum tempo. A menina foi encaminhada a uma família acolhedora e iniciado o trabalho junto ao genitor. Foi trabalhado o vínculo paterno e avaliada a possibilidade de retorno para a nova família do pai já que a mãe não assumiu a criança. R. hoje mora com ele e sua nova família há dois anos. O caso continua sendo acompanhado e a criança está bem. A princípio tudo indicava possibilidade de adoção, mas o trabalho da família acolhedora junto à família de origem atingiu o objetivo esperado (São Paulo).

Pós-reintegração

O tempo de acompanhamento das famílias de origem após o retorno da criança é variável. Concluímos pelas entrevistas que ele leva, em geral, seis meses, incluindo visitas domiciliares e encontros com as famílias. A partir daí, a família pode ser encaminhada para a rede existente de serviços. Alguns projetos trabalham com prazos, outros acompanham pelo tempo que a equipe achar necessário. Encontramos um período máximo de cinco anos somente em Campinas que, como citado, utiliza uma metodologia específica de avaliação. Sabe-se que é um período crítico e há necessidade real de apoio continuado. Os casos de reincidência são raramente relatados.

O sucesso dos projetos se dá quando é feita a reintegração da criança ou adolescente à família. Entretanto, não encontramos registros de fatores que contribuam para a permanência dos mesmos na família de origem. Esse dado poderia nos mostrar de forma mais ampla a efetividade dos projetos ao longo do tempo.

Focalizando metodologias

A título de ilustração e sistematização das informações obtidas neste estudo sobre programas de acolhimento familiar, relacionamos a seguir alguns dos principais procedimentos metodológicos descritos pelos profissionais entrevistados.

Acolhimento familiar

- Instrumentos utilizados na prática

1. Visitas domiciliares — têm por objetivo o contato mais direto com a família de origem para observação da dinâmica familiar. Um dos programas (Rio de Janeiro) utiliza-se do genograma para ter uma visão sistêmica da problemática da família;
2. Entrevistas — os contatos iniciais se dão através de entrevistas com os membros das famílias de origem que, junto com os profissionais, traçam um plano de ação com o objetivo de reintegrar a criança ou adolescente. Essa etapa facilita a construção do diagnóstico familiar;
3. Encontros semanais com os técnicos — uma vez na semana as famílias acolhedoras, as de origem e as crianças ou adolescentes se encontram para que se mantenham os vínculos familiares durante o processo;
4. Palestras e discussões — periodicamente são realizadas palestras com profissionais de áreas da saúde e educação de acordo com as necessidades detectadas;
5. Estudos de casos — a equipe técnica leva os casos para discussão nos encontros semanais com os supervisores;
6. Capacitações — acontecem sistematicamente junto aos técnicos, acolhedores e famílias de origem. Os temas são relacionados às problemáticas vividas.

- Atendimento psicoterápico

Quando há essa demanda, os familiares são encaminhados para os centros de tratamento próximos à comunidade;

- Trabalho com a criança

1. A equipe técnica atende as crianças e adolescentes e faz o encaminhamento para psicoterapia quando necessário;
2. Vínculos familiares — os projetos buscam fortalecer os vínculos familiares;

- Conquista de autonomia financeira

Profissionalização — a geração de renda familiar é um fator importante tanto para o retorno da criança/adolescente quanto para a autonomia dessas famílias.

Desafios e possíveis caminhos

Neste capítulo, discutimos o processo de acolhimento familiar, com base em diversas experiências em curso no país. Procuramos ilustrar a discussão com alguns exemplos de procedimentos metodológicos, respaldando-nos na observação de alguns dos programas existentes e nas entrevistas realizadas com diversos profissionais que atuam nos mesmos. A seguir, listamos alguns pontos que sintetizam o conteúdo por nós apreendido e indicam questões a serem aprofundadas.

- As ações articuladas entre os diversos atores e instituições envolvidos podem oferecer uma gama maior de possibilidades de atendimento e garantir não só a eficácia da intervenção, como diminuir os índices de reincidência.
- Os dados obtidos mostraram que o índice de retorno à família de origem ou extensa é bastante elevado, porém evidencia-se a necessidade de uma sistematização mais detalhada no monitoramento e avaliação dos projetos.
- As informações parecem indicar que há necessidade de acompanhamento da família e da criança, após o término da intervenção, por um tempo mais longo do que tem sido possível até o presente.
- A capacitação continuada dos técnicos e famílias foi indicada como uma das ferramentas necessárias ao bom funcionamento de um programa de acolhimento familiar.
- O trabalho de reintegração tem maior possibilidade de sucesso quando há manutenção dos vínculos afetivos e a aproximação das famílias de origem e acolhedora envolvidas no processo.
- Espaços de troca de experiências entre técnicos de diferentes lugares enriquecem as práticas e trazem novas perspectivas para serem somadas.
- Uma melhor sistematização de dados é um importante meio de se monitorar e avaliar os resultados das iniciativas. Isso poderia

contribuir para o aumento da qualidade dos atendimentos e dar maior credibilidade aos projetos, ampliando as possibilidades de replicabilidade.

- As famílias que constituem o público-alvo destes programas, com freqüência, vivem em circunstâncias de muita adversidade, o que pode dificultar a sua participação nos mesmos. Algumas das dificuldades citadas foram: alto índice de uso de drogas, ocorrência de doenças mentais graves dos familiares e falta de envolvimento da família de origem na proposta do projeto. Reconhecer estas dificuldades é um meio de melhor lidar com elas e apoiar as famílias no decorrer do processo.

Capítulo 5
Acolhimento institucional

Neste capítulo, focalizaremos os casos nos quais é necessário o encaminhamento dos atendidos a uma instituição do tipo *abrigo*,[1] tendo, porém, como foco iniciativas que visam respeitar o direito fundamental da criança e do adolescente à convivência familiar e comunitária. Conforme indicamos nos capítulos anteriores, utilizamos o termo *acolhimento institucional* para marcar a diferença entre a prática de institucionalizar crianças, contribuindo para o rompimento dos elos familiares, e exemplos contemporâneos de execução da medida de abrigamento, de forma excepcional e provisória, de acordo com os paradigmas estabelecidos pelo Estatuto da Criança e do Adolescente.

Cabe justificar porque consideramos este tipo de iniciativa em uma pesquisa que tem por objetivo discutir as alternativas à institucionalização com foco na convivência familiar e comunitária? Fundamentamos, anteriormente, a importância de se manter a criança e/ou adolescente em seu contexto familiar e, ainda, que todos os esforços sejam empreendidos para apoiar esse núcleo. No entanto, sabemos que isso nem sem-

1. Em contraposição aos grandes internatos e orfanatos do passado, essas instituições são denominadas *abrigos, casas lares, casas de acolhida, casas de passagem, república*, entre outros. Neste capítulo, estaremos nos referindo a elas como *abrigos*, por ser o termo mais comumente utilizado no presente.

pre é possível. Há situações nas quais a criança precisa ser retirada de casa. E, nesses casos, é crucial que se encontrem alternativas que possibilitem o seu retorno à família de origem ou, em última instância, a sua inserção em outra família que possa se responsabilizar por sua criação e educação. Seja como for, a criança necessita ficar em algum lugar seguro por um período. Mostramos que o acolhimento familiar pode ser uma opção interessante em certos casos. Entretanto, há circunstâncias em que isso não é possível ou o mais indicado. Demonstraremos, a seguir, que o acolhimento institucional pode se configurar como mais uma opção de proteção à criança e ao adolescente e atuar no sentido de preservar a vida em família.

Para conduzir esta discussão, nos apoiaremos nas informações que coletamos com base em entrevistas realizadas com diversos profissionais que atuam em onze programas desenvolvidos em sete estados brasileiros e nove municípios. Os programas visitados dividem-se em três formas de atuação: 1) iniciativas que se originaram nos próprios abrigos, mudando o seu foco e priorizando, em sua dinâmica de funcionamento, a preocupação com a reintegração familiar e comunitária; 2) grupos que se organizaram para assessorar os abrigos em seu processo de reordenamento institucional,[2] o que chamamos de *iniciativas articuladas para a desinstitucionalização de crianças e adolescentes*; 3) propostas de *apadrinhamento afetivo*, que buscam proporcionar a experiência de convivência familiar para crianças, cujas circunstâncias tornam a perspectiva de reintegração familiar pouco provável.

Estas experiências nos permitiram vislumbrar uma rica amostragem de práticas que estimulam a convivência familiar e comunitária no Brasil. A proteção de crianças e adolescentes, cujos direitos foram violados ou que se encontram em situações "de risco", é um direito que não se contrapõe à eventual necessidade de acolhimento institucional e mostra que é possível ter como meta a vida em família.

---

2. Considera-se *reordenamento institucional* o processo de adequar as normas e práticas de funcionamento dos abrigos ao Estatuto da Criança e do Adolescente. Nesse sentido, o Conselho Municipal dos Direitos da Criança e do Adolescente do Rio de Janeiro deliberou, em 2001, uma *Política de Abrigos*, com o objetivo de nortear os reordenamentos (CMDCA/RJ, 2003).

Acolhimento institucional com foco na convivência familiar

O atendimento institucional, nos moldes aqui delineados, ou seja, com uma postura de acolhimento à criança, deve cumprir a função de ser um suporte de caráter excepcional e provisório, com o firme propósito de reinserção familiar. Ele constitui uma medida de proteção para os casos em que há violação dos direitos da criança e/ou do adolescente e se avalia a necessidade de afastamento da família. No Brasil, a avaliação da necessidade de suspensão de guarda ainda é calcada em interpretações do que está preconizado pelo Estatuto, dando margem a equívocos por vezes irreparáveis na relação de vínculo das crianças e/ou adolescentes com suas famílias. Além disso, esse atendimento, mesmo quando necessário, muitas vezes extrapola sua função inicial e mantém o acolhimento por tempo demasiadamente longo. Isso é exatamente o que precisa ser evitado.[3]

Enfatizamos que a seleção de programas que atuam com a proposta de acolhimento institucional para esta pesquisa foi norteada pelo critério de garantia do direito fundamental da convivência familiar e comunitária. Encontramos experiências que vão além da função de proteger e constituem-se em verdadeiros espaços de transição para o acolhimento familiar, seja na família de origem, ou em famílias provisórias ou adotivas, dependendo do caso.

Para se ter uma idéia da dimensão do problema, segundo dados de uma pesquisa realizada pelo IPEA,[4] 87% das crianças e adolescentes

---

3. Na pesquisa realizada pelo IPEA, como citaremos adiante, um terço das crianças estudadas permanecia entre 2 e 5 anos institucionalizadas (Silva, IPEA/CONANDA, 2004).

4. Instituto de Pesquisas Econômicas e Aplicadas. O estudo abrangeu a Rede SAC/Abrigos para crianças e adolescentes (Rede de Serviços de Ação Continuada/Secretaria de Assistência Social do Ministério do Desenvolvimento Social e Combate à Fome). A Rede SAC herdou o antigo sistema de serviços de assistência social do Governo Federal, via convênios com a rede privada, calcado no pagamento de *per capita*. Ela inclui 630 instituições em todo o Brasil (exceto Distrito Federal e Tocantins), oferecendo programas de abrigo para crianças e adolescentes e 808 unidades executoras atendendo aproximadamente 20 mil crianças e adolescentes (Silva, IPEA/CONANDA, 2004). Ressalte-se que, com a aprovação da NOB/SUAS em julho de 2005 e das Portarias n. 440/2005 e n. 442/2005 do MDS, os recursos do co-financiamento federal das ações socioassistenciais pas-

abrigados tinham família; porém, destes, somente 57% mantinham seus vínculos familiares. Considerando-se que o estudo refere-se a instituições que recebiam recursos do Governo Federal, pode-se dizer que ele vem desrespeitando o direito à convivência familiar e comunitária dessas crianças, na medida em que mantém práticas de assistência que contribuem para a fragilização dos laços entre as mesmas e suas famílias. Isso é ainda mais grave se lembrarmos que o principal motivo do afastamento familiar é a situação de pobreza. Esse ponto nos leva a reiterar a importância de que sejam respeitados os artigos 19 e 23 do Estatuto da Criança e do Adolescente, que prevêem, respectivamente, o direito à convivência familiar e a garantia de que esse direito não possa ser violado por carência de recursos materiais.

Origem e foco das iniciativas

As iniciativas focalizadas neste estudo surgem a partir de uma mesma demanda: a necessidade de desinstitucionalizar crianças e adolescentes que vivem em abrigos, visando garantir seu direito à convivência familiar e comunitária.

A questão da institucionalização de crianças e adolescentes que são atendidos pelo sistema de abrigamento no Brasil vem sendo foco de preocupação e debate nos últimos anos. As práticas de internação, hoje consideradas inadequadas, deram o tom do atendimento voltado para as crianças e adolescentes pobres desde o final do século XIX, por meio do estabelecimento do *sistema de proteção e assistência aos menores abandonados e delinqüentes*. Ainda hoje, encontramos a tendência à representação social da criança dicotomizada, originária daquela época, ou seja, a criança que deve ser protegida e aquela da qual a sociedade deve se proteger (Rizzini, 1997).

---

sam a ser transferidos por Pisos de Proteção, substituindo a aplicação *per capita*. Os recursos dos Pisos de Proteção poderão ser utilizados conforme a necessidade local, dentro das ações passíveis de financiamento por cada piso.

Os meios de comunicação fazem bem essa diferenciação: se algo acontece com uma criança numa comunidade de baixa renda, foi o *menor* a vítima; mas se é algo referente a população jovem de classe média ou alta, reporta-se a uma *criança* ou *adolescente*. Passados mais de 16 anos de promulgação do Estatuto da Criança e do Adolescente, percebe-se que os direitos básicos de crianças e adolescentes de todas as classes sociais ainda é pauta a ser priorizada nacionalmente, mantendo-se grande distância entre o discurso e a prática.

O questionamento e repúdio à prática de institucionalização de crianças foram intensificados nos anos 1980 no Brasil e gerou inúmeros debates sobre as alternativas ao modelo de abrigamento vigente.[5] Com a implantação do Estatuto, as características dos abrigos existentes até vêm mudando. O atendimento na modalidade de abrigo passa a ser uma medida protetiva, provisória e excepcional. Entretanto, essa premissa vem sendo sistematicamente ignorada, pois faltam alternativas efetivas de atendimento que permitam reverter as situações que levaram ao acolhimento, dentro do tempo previsto pela legislação.

Na amostra do presente estudo, procuramos incluir instituições de diversas origens, tipos e tendências. Alguns dos programas visitados são governamentais, por isso mostraram maior integração com as políticas públicas de assistência locais, mantendo uma concepção metodológica coerente com a proposta governamental. Nessas condições, sua implantação é facilitada, pois envolve os órgãos de assistência social do município e conta com a infra-estrutura do governo. Por outro lado, como veremos, estão sujeitos a interferências que podem afetar a sua continuidade.

Os programas de origem não-governamental têm a vantagem de não dependerem diretamente da esfera política, o que lhes dá maior

5. Este debate está historicizado em Rizzini e Rizzini, 2004. Sobre os efeitos da institucionalização, ver: Altoé, 1990; Calderón, Guará e Carvalho, 1994. Ver também estudos recentes sobre o assunto: em São Paulo, Secretaria Municipal de Assistência Social, 2004. No Rio de Janeiro, ver estudos realizados junto ao Conselho Municipal de Direitos da Criança e do Adolescente, coordenados por ABTH e Ex-Cola, 2004.

flexibilidade, agilidade e possibilidade de continuidade. Entretanto, estes encontram maior dificuldade de articulação com os atores governamentais. Os recursos financeiros são supridos por convênios de iniciativa privada, estrangeiros ou de entidades religiosas, o que lhes possibilita uma relativa autonomia na gestão das ações. Essa autonomia permite, muitas vezes, que os custos sejam redimensionados para dar conta de novas demandas. No entanto, a falta de suporte por parte do governo pode ser um grande empecilho para a inserção dos atendidos nos programas de assistência, como, por exemplo, os de apoio à família, o que, em última análise, poderia garantir a provisoriedade da institucionalização e diminuir a reincidência a esse tipo de serviço. Conforme indicou uma de nossas entrevistas:

> "Nós trabalhamos com projetos e com a colaboração internacional... Então a gente tem um grupo que nos ajuda a captar recursos. Nós fazemos captação de recursos através da parceria internacional, que é o que nos ajuda a sustentar" (entrevista com coordenadora de uma ONG, Sorocaba-SP).

Características do público-alvo

O público-alvo dos programas que focamos neste capítulo é composto por crianças e adolescentes, cujos direitos foram violados e, com freqüência, permanecem abrigados por períodos longos, com dificuldades de reintegração familiar. Os principais motivos que os levaram aos programas estão relacionados à violência, sendo reportados, com freqüência, casos de negligência.

Constatamos que 100% das crianças abrigadas são oriundas de famílias pobres. No entanto, a falta de recursos financeiros não constitui o único fator desencadeador da separação da família. As famílias podem apresentar um ou mais aspectos que as tornam vulneráveis, diminuindo suas possibilidades de prover as necessidades de seus filhos, tais como serem monoparentais ou chefiadas por mulheres, com número alto de filhos, apresentar baixa escolaridade e quadro de desemprego, uso de drogas e incidência de violência, atingindo particularmente crianças e mulheres. É preciso que se diga que condições de pobreza continuam conduzindo crianças e adolescentes ao abrigamento, ainda que desrespeitando a lei.

Há que se acrescentar que a criança acolhida em instituições, muitas vezes, advém de famílias que vêm tendo seus direitos negados durante várias gerações. Uma família que vive em situação de extrema miséria vê-se impossibilitada de manter um mínimo de estabilidade em sua vida familiar. Portanto, priorizar de fato a família é garantir condições dignas de vida para que possa exercer suas funções parentais e apoiá-la nesse sentido. Afirmar sua competência apenas no plano da retórica não basta e mudar isso implica novos paradigmas também ao nível da ação. Talvez o mais importante seja criar alternativas concretas que efetivamente dêem conta de se contrapor à opção de abrigamento.

Dimensão quantitativa dos programas

As experiências mostraram que o número de beneficiários dos programas varia de acordo com o serviço oferecido. Nas instituições privadas, nos foi dito que a tentativa é de manter um número limitado de abrigados com o objetivo de atender melhor, ou seja, com mais qualidade e individualidade. Em instituições governamentais, o número tende a exceder ao que é recomendado.[6] Nesses casos, a dificuldade normalmente é conseguir oferecer atendimento às famílias de todas essas crianças e adolescentes abrigados. Como destacaremos adiante, somente uma ação articulada com outros atores pode contornar este problema.

---

6. O parágrafo único do artigo 91 do Estatuto da Criança e do Adolescente prevê que o atendimento em abrigo deve ser personalizado e em pequenos grupos. A Política de Abrigos deliberada pelo Conselho Municipal dos Direitos da Criança e do Adolescente, da cidade do Rio de Janeiro, estipula em 25 o número máximo de atendidos em acolhimento institucional (CMDCA, 2001).

Profissionais envolvidos

De uma maneira geral, as equipes são compostas por profissionais de nível técnico, das áreas de psicologia e serviço social, estagiários, voluntários e educadores. Vimos que estes profissionais trazem uma importante discussão sobre suas práticas e, em geral, conseguem ir além do que o projeto se propõe. Nas entrevistas, eles falaram de forma entusiasmada sobre o tema e suas experiências de trabalho. Constatamos que muitas das transformações que vêm ocorrendo dentro de algumas instituições devem-se principalmente ao engajamento de seus profissionais em mudar a cultura da institucionalização. Essa meta nem sempre se coloca com facilidade diante de outros interesses e posições ideológicas dos dirigentes, governamentais ou não.

> "Eu acho que acima de tudo é isso e é amando que faz mesmo, porque a renumeração é baixa, o envolvimento é muito grande, a dedicação é muito grande, às vezes você abdica de N coisas em prol da população e às vezes é até um pouco angustiante porque você quer dar mais, mas as condições não permitem" (entrevista com técnica de um projeto municipal, Recife).

Foi importante perceber que o Estatuto da Criança e do Adolescente é de fato o norteador dessas iniciativas e que seus princípios e diretrizes estão presentes entre os profissionais de todas as áreas das instituições que visitamos. Destaca-se o fato de que a família, antes negligenciada em sua competência, passa a ser efetivamente percebida como a principal opção para crianças e adolescentes.

Uma das questões abordadas foi a ausência de capacitações sistemáticas para os técnicos dos programas. Eles indicaram que são realizadas avaliações periódicas para corrigir rumos e dar mais agilidade ao trabalho. No entanto, essas avaliações não se mostram suficientes para diminuir as dúvidas e os problemas que surgem em decorrência dos atendimentos. Os técnicos e profissionais entrevistados relatam o desejo de receberem apoio nesse sentido, seja por iniciativa da própria instituição a que estão vinculados seja por parcerias. O importante é que os programas percebam que cada vez mais os profissionais envolvidos com o atendimento a crianças e adolescentes precisam estar aptos e preparados para os desafios impostos pelo trabalho, sob o risco de não conseguirem acompanhar as constantes mudanças que suas práticas demandam.

Aspectos legais

Os princípios legais que norteiam as ações dos programas visitados seguem as orientações do Estatuto da Criança e do Adolescente. Fica a cargo do Juizado da Infância e da Juventude, do Ministério Público, dos Conselhos Tutelares, dos Conselhos Municipais de Direitos, entre outros órgãos de garantia de direitos, fiscalizar e acompanhar o cumprimento das prerrogativas legais.

No entanto, a pesquisa aponta para discordâncias e divergências entre aqueles que estão envolvidos diretamente no atendimento, enfraquecendo o poder de decisão dos abrigos e até mesmo dos Conselhos Tutelares quando, por exemplo, os juízes e promotores não estão dispostos a interagir e tomam posições de forma unilateral. Nesse sentido, mais uma vez parcerias e articulação poderiam dar mais agilidade e proporcionar um atendimento de melhor qualidade.

> "Essa questão com o Juizado, você precisa ter conhecimento disso, mas é muito complicado, no sentido de que o Juizado muitas vezes não favorece o trabalho que você está fazendo. Muitas vezes a gente tem uma posição sobre a família amadurecida a partir desse acompanhamento e o Juizado não confia naquilo que a gente está dizendo. Eles próprios querem verificar... Só que... em caso de verificação por comissões etc., demoram meses para verificar" (Técnico do programa não-governamental, Belo Horizonte).

Os projetos governamentais estão submetidos, no nível municipal, às Secretarias de Assistência Social. As regras e prioridades podem ser mudadas conforme mudanças político-partidárias aconteçam, levando a incertezas quanto à continuidade das ações. Por sua vez, os projetos não-governamentais têm uma relativa autonomia de execução em relação à esfera pública, sendo submetidos aos parâmetros estipulados pelas mantenedoras. No entanto, devem ser registrados no Conselho Municipal de Direitos da Criança e do Adolescente e ter o Estatuto da Criança e do Adolescente como o pilar legal que norteia a execução das ações. Devem, ainda, estar abertos à fiscalização periódica de suas iniciativas por parte dos Conselhos Tutelares, Ministério Público e Juizado da Infância e da Juventude.

Uma outra questão que envolve os aspectos legais e a gestão das iniciativas é a necessidade que se escute as demandas locais. Muitas vezes, um projeto, quando financiado pelo governo federal ou por instituições internacionais, pode não estar preparado para intervir na realidade que o município apresenta. Nesses casos, nem sempre há possibilidade de mudanças ou adequações, limitando ou inflexibilizando o atendimento. Isso mostra que a descentralização, hoje proposta pelo SUAS, é um formato de gestão pública mais eficaz para se abordar os desafios que se colocam.

As iniciativas articuladas para "desabrigar" crianças e adolescentes, visando sua reinserção familiar, que oferecem assessoria a instituições e abrigos normalmente têm suas ações concentradas em um órgão, em geral, as Varas da Infância e da Juventude, as quais regulamentam a metodologia e dão respaldo jurídico. Duas iniciativas, no entanto, surgem de um grupo de organizações governamentais e não-governamentais que, juntas, pretendem oferecer resultados de impacto, no que diz respeito ao desabrigamento. Esta forma de articulação é extremamente válida, pois mostra uma tentativa de juntar esforços, de um trabalho coletivizado, que enriquece sua execução, já que parte da idéia de que existe um objetivo motivador que deve sobrepujar as diferenças políticas ou ideológicas. De acordo com uma de nossas entrevistas:

> "... nós hoje já somos programa de ação continuada; (trabalhamos) abuso e exploração sexual, maus tratos, mas não se esgota nisso. Você trabalha tete-a-tete com os órgãos que compõem o Sistema de Garantia de Direitos. É um processo altamente trabalhoso desde a recepção dessa criança até uma avaliação da equipe, uma análise diagnóstica, se a demanda é

espontânea e você demandar isso para os órgãos do Sistema de Garantia de Direitos, com toda morosidade da Justiça... Tivemos a necessidade de um redesenho" (entrevista com a coordenadora de um projeto federal, Rio de Janeiro).

Uma dessas iniciativas aborda a complexa situação das crianças e adolescentes com deficiências, especificamente aqueles que sofrem de transtornos mentais, mostrando que a desinstitucionalização é uma via possível, desde que se respeitem as condições que envolvem cada caso. Essa abordagem, de extrema importância quando o assunto é institucionalização, merece, por sua relevância e obscuridade de dados e informações, um tratamento especial em pesquisas que possam desvelar o processo secular de "asilamento" a que se submetem ainda hoje essas crianças e adolescentes no Brasil.

Metodologias

Uma das riquezas desta amostra de iniciativas é a diversidade encontrada nas metodologias. Vê-se claramente que existem várias formas de se fazer um bom trabalho institucional em que a família é priorizada como melhor espaço para crianças e adolescentes. Apresentaremos, em seguida, as experiências divididas em três subgrupos: a) acolhimento institucional governamental e não-governamental — atendimentos que visam a rápida reintegração; b) iniciativas articuladas para desinstitucionalização de crianças e adolescentes — grupos que assessoram os abrigos no processo de reordenamento institucional; c) apadrinhamento afetivo — uma proposta para promover a experiência de convivência familiar para crianças e adolescentes com dificuldades de reintegração.

a) Acolhimento institucional governamental e não-governamental

Neste item, temos exemplos de experiências governamentais e não-governamentais. É importante ressaltar que tanto umas quanto as outras se enquadram no que entendemos como um procedimento que valoriza a convivência familiar e comunitária. As diferenças esbarram, na maioria das vezes, em aspectos operacionais.

O *acolhimento governamental* normalmente faz parte da política municipal de atendimento oferecida pela Secretaria Municipal responsável pela assistência social local. Nesse sentido, as equipes são compostas por funcionários públicos e seguem as diretrizes da gestão municipal a qual estão vinculadas. O fluxo de entrada de casos de violação de direitos apresenta algumas variações nos municípios visitados, mas, em linhas gerais, os procedimentos que se seguem se assemelham, de acordo com o seguinte roteiro resumido:

- Denúncia.
- Notificação aos órgãos de garantia de direitos disponíveis no nível local (Conselhos Tutelares, Varas da Infância e da Juventude, Delegacias de Proteção à Criança e ao Adolescente, serviços de triagem municipais e estaduais).
- Procedimentos padronizados (formulários, estudos de casos, pesquisa de dados sobre os atendidos etc.).
- Recebimento da criança ou adolescente vitimizado, com atendimento direcionado à demanda apresentada (casos de violência física, sexual, negligência, situação de rua etc.).
- Trabalho específico com as famílias (busca da família, encaminhamentos, reuniões e tentativa de reintegração na família de origem ou extensa).
- Grupo de pais.
- Estímulo à independência ou autonomia nos casos de adolescentes em que a reinserção familiar não é possível ou a medida mais indicada (inserção em programas de geração de renda, cursos profissionalizantes, entre outros). Em alguns casos, são jovens mães que desejam ter suas próprias residências ou adolescentes em vias de completar os 18 anos que não possuem mais vínculos familiares.

Uma das vantagens que as instituições governamentais apresentam é uma maior facilidade de inserção em programas de renda mínima, geração de renda e habitação que o Estado oferece. Porém, como ressaltamos, um dos desafios indicados é a possibilidade de descontinuidade provocada por mudanças políticas. Esse fantasma acompanha a maioria dos programas que têm vinculação governamental e que podem deixar de ser importantes para outras plataformas políticas que ocupem a gestão pública.

Uma parte do processo de acolhimeto institucional realizado por um abrigo de Curitiba foi descrito nos seguintes termos:

> "Os educandos entram no abrigo através dos Conselhos Tutelares, Juizado da Infância e Juventude e Central de Resgate Social, passando sempre pela Central de Vagas da Fundação de Ação Social. Há inserção e reinserção em escolas públicas municipais e estaduais de acordo com a faixa etária e desempenho.
>
> (Há) avaliações médicas e odontológicas em Unidades de Saúde; atendimentos em Centros de Especialidades e toda a rede pública de atendimento à saúde... Atividades desportivas, de lazer e culturais existentes na comunidade.
>
> O critério para recebimento abrange crianças e adolescentes da cidade de Curitiba, de sexo e faixa etária atendida pelo abrigo que apresentem situação de risco-social e/ou pessoal.
>
> Na Unidade, o atendimento às famílias inicia-se pela entrevista social, visitas familiares de acompanhamento técnico e orientação em conjunto com o Juizado da Infância e Adolescência e com os Conselhos Tutelares.
>
> Trabalho de reatamento dos vínculos familiares, através de reuniões e grupos de discussão das problemáticas que permeiam a família.
>
> Acompanhamento dos educandos com retorno familiar, encaminhamentos e orientações quando necessário como estratégia de monitoramento social. Encaminhamento das famílias com vulnerabilidade social a programas de rede intersetorial do Município" (entrevista com técnico de programa governamental de Curitiba).

O *acolhimento de cunho não-governamental* normalmente surge a partir de interesses particulares, ou seja, de pessoas que resolvem, por uma série de motivos, criar uma entidade que desenvolva esse tipo de atividade. Nos programas estudados, o financiamento não tinha origem prioritária governamental, vindo de organizações internacionais, iniciativa privada ou de entidades religiosas. As metodologias são variadas e seguem princípios criados pelas equipes que implementaram os projetos.

A principal questão apontada pelos programas estudados é a necessidade de se contrapor à recorrente prática de institucionalização que persiste no Brasil. Diversos depoimentos atestaram que isso nem sempre é bem aceito pelos órgãos que definem os encaminhamentos, como Conselhos Tutelares e Juizados da Infância e da Juventude, que insistem em abrigar crianças/adolescentes mesmo que sejam casos não compatíveis com o perfil de atendimento das instituições. Dessa forma, cria-se um problema jurídico que obriga a entidade a aceitar o encaminhamento sob risco de ser punida judicialmente.[7]

As metodologias que encontramos apresentam as seguintes características comuns: priorizam o vínculo de crianças e adolescentes com seus familiares; o tempo de permanência é de no máximo oito meses; a família é incentivada em suas competências e é entendida como parceira. Os índices de reinserção e/ou de independência institucional são elevados (acima de 80%). Isto porque dispõem de atendimento multidisciplinar, envolvendo as comunidades e procuram dar conta das demandas, inclusive financeiras, que surgem. Oferece-se apoio financeiro modesto por um tempo pré-determinado e tentativa de inclusão nos programas governamentais de renda mínima. Além disso, procura-se utilizar metodologias inclusivas, como, por exemplo, cursos profissionalizantes para geração de renda.

Os principais problemas enfrentados, segundo os entrevistados, consistem na dificuldade de relacionamento com o poder público res-

7. Apesar da reforma legislativa que resultou no Estatuto da Criança e do Adolescente ter procurado combater a extrema judicialização do atendimento à infância no país, ocorreu uma atualização das práticas de controle do judiciário sobre as esferas responsáveis pelo planejamento e execução das ações.

ponsável por favorecer a retaguarda dos atendimentos. Registra-se a falta de alternativas de apoio para a população atendida.

É certo que as inciativas de acolhimento institucional não podem manter o atendimento por tempo indeterminado. Mesmo quando finalizadas as etapas das dos atendimentos oferecidos ou das intervenções efetivadas, a família e/ou as crianças e adolescentes atendidos precisam receber o suporte necessário para que alcancem a independência institucional. O trabalho nem sempre termina no desligamento da família do projeto, pois é necessário que ela possa continuar oferecendo proteção aos seus filhos.

A título de ilustração, apresentamos uma seqüência de serviços oferecidos pelas instituições que visitamos, destacando algumas das metodologias empregadas.

Exemplo de metodologia de acolhimento institucional

Acolhimento institucional de mães e filhos

- Atendimento psicopedagógico — faz parte das dinâmicas habituais de convívio. Algumas das atividades citadas são:

1. trabalhando regras — busca estabelecer regras claras, pontuadas e viáveis, mas disponíveis a negociação;
2. trabalhando com a rotina — gestão do espaço de convivência e a busca de equilíbrio entre as atividades previamente estruturadas e as necessidades pessoais;
3. encontros semanais com o educador — uma vez na semana com o técnico que esteja na casa;
4. palestras e discussões — mensalmente palestras com profissionais de áreas da saúde e educação, de acordo com as necessidades detectadas.

- Atendimento psicoterápico:

1. psicoterapia voltada para a dependência química;
2. *Projeto Maternidade* — reuniões quinzenais e grupais.

- Trabalho com a criança:

1. rotina na casa — as atividades com as crianças são incorporadas ao dia-a-dia de funcionamento da casa, como tempo para brincadeiras e lazer;

2. vínculo mãe-filho — potencializar os vínculos fragilizados;
3. *Projeto Crianças do Bairro* — as crianças passam a freqüentar a creche local e atividades culturais locais para se inserirem na comunidade.

- Conquista de autonomia financeira:

1. profissionalização — oficinas de arte para geração de renda, com mercado certo no exterior, estimulado pela entidade;
2. inserção social — as jovens são estimuladas a voltar para a sua comunidade e fortalecer os vínculos sociais.

b) Iniciativas articuladas para desinstitucionalização de crianças e adolescentes

São grupos de entidades que, unidos, procuram intervir na situação de institucionalização das crianças e adolescentes com o objetivo de auxiliar os abrigos na tarefa de reordenamento institucional e reintegração familiar. Essas chamadas "iniciativas articuladas" englobam profissionais ligados a entidades não-governamentais de garantia de direitos e outras que focalizam sua atuação na desinstitucionalização de crianças e adolescentes abrigados.

A metodologia é composta por atividades que dão suporte aos abrigos para favorecer a reintegração familiar. Todo o trabalho é direcionado às famílias e os procedimentos podem ser assim resumidos: levantamento da situação familiar das crianças abrigadas; estudo das condições de vida das famílias; contato e preparo das famílias para reintegração; inserção das famílias e crianças em programas sociais. A prática desenvolvida se baseia em entender as necessidades trazidas tanto pelas crianças quanto por suas famílias, e ampará-las material e psicologicamente. São realizadas visitas quinzenais às famílias onde são levantadas as possibilidades de reinserção. Destacou-se a importância de se respeitar a família em suas condições emocionais e financeiras que, em última análise, vão orientar a possibilidade de que ela possa manter seu(s) filho(s). A duração do atendimento depende da receptividade de cada família. Somente em casos de insucesso, as crianças são encaminhadas para adoção, mas os técnicos trabalham em proximidade com as equipes dos Juizados para se tentar todas as possibilidades de reinserção familiar.

Entre os casos que se incluem neste item, encontramos os de desinstitucionalização de crianças e adolescentes com deficiências. Nessas circunstâncias, as famílias enfrentam sérias dificuldades para manter seu(s) filho(s), principalmente aqueles que sofrem de distúrbios mentais. Ressaltamos a importância desse ponto, pois essa é uma população que tem sido mantida invisível e esquecida nas instituições por longa data.

Em nossa pesquisa, entramos em contato com o *Fórum Inter-Institucional para o Atendimento em Saúde Mental de Crianças e Adolescentes no Município do Rio de Janeiro* e conhecemos uma instituição que desenvolve projetos de reinserção familiar de crianças e adolescentes com deficiências, em convênio com a Fundação para a Infância e Adolescência. Identificamos idéias e práticas inovadoras em curso, a despeito do descaso público nessa área. A família precisa ser acolhida em suas demandas, e os vínculos afetivos, muitas vezes rompidos por anos, podem ser estimulados quando são desenvolvidas metodologias que direcionem ações às particularidades desse foco de atendimento. Mecanismos de suporte às famílias necessitam ser criados com urgência dentro do escopo da rede de atendimento, evitando, sempre que possível, a institucionalização da criança ou adolescente.[8]

Exemplo de reordenamento em abrigo

Uma das propostas que analisamos vem de uma instituição que tem como objetivo assessorar abrigos, com os seguintes procedimentos. A instituição de suporte, por demanda do abrigo, iniciou o trabalho revendo junto às equipes a cultura de institucionalização existente. Investiu-se na capacitação dos profissionais e no apoio às reintegrações familiares. No período em que a instituição de suporte se manteve no abrigo, foram realizadas diversas modificações, desde mudanças na estrutura física até um redirecionamento de prioridades.

8. Sobre esse assunto, consulte: *Censo dos pacientes internados em uma instituição asilar no Estado do Rio de Janeiro: dados preliminares*, 2002; *Relatório do censo clínico e psicossocial da população abrigada no Centro Integrado para Crianças e Adolescentes Portadores de Deficiência Oswaldo Aranha — Barra do Piraí* (CICAPD), 2002; Ministério da Saúde. Brasília: *Caminhos para uma política de saúde mental infanto-juvenil*, 2005.

O abrigo apresentou como resultado um número elevado de reintegrações em comparação com a sua média anual, além de ter modificado completamente sua forma de atendimento, passando a priorizar a promoção da autonomia das crianças e adolescentes abrigados, de acordo com os seus anseios pessoais.

c) Apadrinhamento afetivo

A idéia principal é promover o convívio familiar de crianças e adolescentes que estejam com dificuldade de reintegração. São casos em que se estabelece a aproximação de pessoas como padrinhos afetivos de crianças, cujas famílias não são conhecidas ou tenham perdido o poder familiar. Nestas circunstâncias, a criança geralmente permanece abrigada, aguardando uma solução, que pode ser uma possível reintegração ou adoção. Um processo dessa natureza pode levar anos; portanto, faz-se necessária uma alternativa como a do apadrinhamento, para que a criança possa vivenciar situações familiares.

Nas duas experiências de apadrinhamento afetivo estudadas encontramos um procedimento básico que se repete: divulgação, entrevistas com os candidatos a padrinho ou madrinha, visitas domiciliares e grupos de padrinhos. No caso em que a iniciativa não surge dentro do abrigo, o grupo de trabalho oferece capacitação aos técnicos, para que a própria instituição possa desenvolver a metodologia de apadrinhamento.

As famílias dos candidatos também recebem orientações e capacitações no sentido de estarem preparadas para o apadrinhamento. Esse preparo é fundamental para que a família entenda a importância que irá ter na vida das crianças ou adolescentes. Mostra-se que assumir esse compromisso envolve mais que sentimentos de caridade e sim a capacidade de dar afeto, atenção e respeito. Como lidam com relações de apego e expectativas de crianças em situações de vulnerabilidade emocional, a tarefa do padrinho afetivo é de grande responsabilidade. Os programas de apadrinhamento afetivo necessariamente precisam de mecanismos de seleção, capacitação, supervisão e monitoramento dos padrinhos, sempre visando o que for melhor para as crianças atendidas.

O processo para apadrinhar começa com uma aproximação lenta e gradual; as crianças não são expostas e escolhidas. Em um primeiro momento, os padrinhos e as crianças se vêem por fotos. Após o interesse mútuo inicial, é feita a apresentação e só depois de um período de acompanhamento da família é que a criança ou adolescente pode freqüentar a casa dos padrinhos, geralmente nos finais de semana, feriados e férias. Eventualmente, viagens podem ser feitas com o consentimento da Justiça da Infância e da Juventude. Os padrinhos devem se comprometer a ficar pelo menos um final de semana por mês com as crianças ou adolescentes em suas casas. A idéia envolve prioritariamente a afetividade e as famílias que apadrinham podem pleitear adotar seus afilhados se estes estiverem destituídos de poder familiar. Conforme depoimento de uma das entrevistas:

> "Constatando que aproximadamente 78% dos abrigados não vão para a família natural nem família substituta, embora seja esse o comando da lei, (eles) ficam nos abrigos até os 18 anos. Completada a maioridade, são expulsos porque o abrigo precisa dar vaga para outro. Nós tentamos nos apropriar da idéia do apadrinhamento, mas não com esse lado material; a ênfase seria no lado afetivo, alguém que acompanhasse as notas, que pudesse pagar um curso particular, um curso de informática, ir preparado para a vida e ser um contato externo, um amigo, um amigo que essas crianças teriam" (entrevista com técnico do programa de apadrinhamento, Recife).

Nos casos de reintegração familiar dos apadrinhados, é possível manter-se o contato entre os envolvidos, quando há concordância entre as partes. O apadrinhamento é uma solução provisória para uma situação criada pelos efeitos da institucionalização prolongada, que acaba por contribuir para o afastamento entre os abrigados e suas famílias.

Síntese das lições aprendidas

- Os programas visitados mostraram que existem formas de se evitar a institucionalização de crianças e adolescentes, mesmo que em um primeiro momento precise haver o afastamento familiar e o acolhimento institucional;

- Faz-se necessário rever as práticas que envolvem o abrigamento, dentro e fora dos abrigos, garantindo o melhor atendimento possível à criança ou ao adolescente que, por motivos diversos, está temporariamente afastado do convívio familiar;
- O abrigo é necessário em certos casos como suporte a situações de risco, mas deve ser provisório, excepcional e preparado para sua missão de proteger e reintegrar a criança ou o adolescente à família;
- Percebe-se que muitos profissionais estão engajados no esforço de superar a cultura da institucionalização de crianças, mas para que este trabalho seja multiplicado e continuado é necessário prioridade política. Os principais fóruns de debate sobre o assunto, assim como os Conselhos Municipais e Estaduais dos Direitos da Criança e do Adolescente, vêm se dedicando a incluir em suas pautas a situação em que vivem as crianças e os adolescentes nas instituições;
- As possibilidades de mudança são partilhadas por todos os programas estudados, especialmente a participação do poder público na implementação de políticas que respeitem o Estatuto da Criança e do Adolescente em relação ao direito à convivência familiar e comunitária. Cada gestor público tem condições, junto com sua equipe, de avaliar que experiência pode ser mais adequada à sua realidade e demanda, e assim aproveitar as excelentes propostas que vêm sendo realizadas.

Desafios e possíveis caminhos

Os desafios são muitos. As iniciativas aqui focalizadas mostraram as melhores intenções, profissionais engajados e compromissados, metodologias inovadoras, respeito ao Estatuto da Criança e do Adolescente, mas, cada um, a seu modo, encontra dificuldades no caminho. As principais dificuldades apontadas foram:

- Risco de descontinuidade por mudanças políticas — principalmente os abrigos, que contam com subsídios governamentais, vêem com apreensão as mudanças políticas que podem comprometer qualitativamente o atendimento ou mesmo inviabilizá-lo. Esse é um obstáculo também para as iniciativas que se transformam em políticas públicas;
- Falta de retaguarda para atendimentos específicos na rede pública, como, por exemplo, psicoterapia e outras abordagens para casos de abuso sexual, uso abusivo de drogas, gravidez precoce e assim por diante. A demanda é sempre muito maior que a oferta, gerando filas de espera e carência de atendimento apropriado, o que dificulta o trabalho da instituição que não consegue, sozinha, responder adequadamente a todos os problemas e dificuldades que as famílias e as crianças e adolescentes apresentam;
- Problemas de articulação na rede de atendimento. Esta questão atravessa todas as experiências, independentemente de sua origem. Sem articulação entre os envolvidos no sistema de proteção, o atendimento fica muito prejudicado. Geralmente, os relatos nesse caso são de: encaminhamentos feitos sem respeito à capacidade e ao perfil de atendimento da instituição, falta de informações sobre os atendidos e descontinuidade nos encaminhamentos;
- As iniciativas pesquisadas mostraram que existe de fato uma dificuldade em contemplar adolescentes nas iniciativas dirigidas à convivência familiar e comunitária. As propostas de acolhimento familiar, acolhimento institucional provisório, apadrinhamento afetivo e grupos que operam nos abrigos para reintegração não apresentam resultados positivos em relação a adolescentes, principalmente após os 15 anos. A realidade que se coloca é a de jovens alcançando a maioridade completamente des-

preparados para a vida, "criados" na impessoalidade, com pouca ou nenhuma convivência familiar. Há que se pensar soluções para essa demanda, pois ela é real. O adolescente deve ter seu direito à convivência familiar e comunitária contemplado, assim como as possibilidades de amadurecimento e chegada da vida adulta sem rupturas drásticas;

- Outro importante desafio a ser enfrentado refere-se aos casos em que as circunstâncias envolvem, além da pobreza, crianças e adolescentes com deficiências.[9] As dificuldades, nesses casos, multiplicam-se e apresentam graus variados de demandas que, em geral, dependem de intervenções multisetoriais. Como na maioria dos municípios pesquisados, a presença de uma postura articulada e integrada mostra-se incipiente, vemos com constância os casos de institucionalização ainda sem soluções objetivas.

9. Está em curso uma pesquisa coordenada pelo CIESPI (Centro Internacional de Estudos e Pesquisas sobre a Infância, em convênio com a PUC-Rio) e MOTE (Movimento Terapêutico), com apoio do CNPq, que tem como foco analisar as práticas de institucionalização de crianças e adolescentes com deficiências no Estado do Rio de Janeiro, bem como estudar alternativas que promovam a convivência familiar e comunitária (CIESPI/MOTE, 2006).

PARTE III

Enfrentando os desafios: rumo a políticas públicas

Capítulo 6
A formação de redes de proteção à criança e ao adolescente

Como evidenciamos nos capítulos anteriores, a importância da atuação integrada é um consenso entre a maioria das equipes das instituições visitadas. Algumas têm como meta a criação de redes de atendimento, mas poucas já adquiriram uma experiência mais consolidada na área. É importante frisar que o enfoque dado aqui é o da realização de ações articuladas entre as instituições envolvidas no atendimento (social, jurídico, psicológico, educacional etc.) e que a organização desses atores em rede é uma das possibilidades de atuação.

Neste capítulo, optamos por aprofundar a discussão sobre o tema com base nas entrevistas realizadas com diversos profissionais que atuam em programas de promoção da convivência familiar e comunitária no Brasil. Consideramos que esta análise, articulada à incipiente literatura nacional sobre o tema, pode contribuir para a reflexão e orientação prática de outras iniciativas em curso no país.

O que é *rede*

Entendemos a idéia de rede como um *tecido de relações e interações que se estabelecem com uma finalidade e se interconectam por meio de linhas de ação ou trabalhos conjuntos* (RHAMAS/IPAS, s/d.).[1] O conceito em questão vem sendo construído de forma empírica, baseado nas experiências dos grupos sociais que se organizam para melhor atender às necessidades da vida social, cultural, material e afetiva. As redes são formações dinâmicas e flexíveis, com continuada renovação dos participantes, o que requer certos cuidados para a sua continuidade. Ela abrange espaços geográficos, políticos e sociais específicos que, contudo, tendem a ter mobilidade, na medida em que as redes devem estar atentas ao movimento dos grupos e das organizações sociais.

O surgimento das redes no Brasil

Historicamente, as políticas sociais no Brasil se configuram em um campo de lutas onde forças desiguais se enfrentam. A legislação, desde a Constituição Federal de 1988, tem possibilitado alguns avanços no debate e na emergência de políticas e práticas sociais que buscam combater o assistencialismo e o clientelismo, tradicionais da área. Contudo, a disseminação das idéias neoliberais no mundo tem repercutido diretamente na área social, que vê seus projetos de consolidação de políticas sociais universais e democráticas emperrarem no recuo dos investimentos do Estado na redução das desigualdades sociais. Se, por um lado, a sociedade, através de suas organizações, movimentos e redes sociais, passou a ter uma participação inédita na formulação e implementação das políticas sociais, por outro, os recursos esparsos e mal distribuídos levam a uma competição capaz de gerar entraves para a estruturação do atendimento e da articulação política em redes.

Fatores como o crescimento e o amadurecimento das organizações da sociedade civil, a valorização das iniciativas comunitárias e das redes de sociabilidade das famílias, e a entrada do Estado como fomentador da criação de redes de atendimento em parceria com o Terceiro Setor

---

1. Ver, em www.ipas.org.br/rhamas/index.html, texto sobre a importância da formação de redes para o atendimento às vítimas de violência.

favoreceram o surgimento de redes em diversos municípios brasileiros, notadamente na última década. A aproximação das organizações não-governamentais com as iniciativas, formais e informais, existentes nas comunidades de baixa renda, demonstrou as possibilidades e potencialidades da realização de um trabalho articulado nos locais de onde provém grande parte de seu público-alvo. A busca pela articulação com os equipamentos de defesa e operação do direito tem favorecido uma atuação mais integrada, embora permeada de conflitos de interesses que somente o exercício democrático da discussão e do planejamento em conjunto poderá enfrentar.

A formulação e implementação de políticas sociais intersetoriais e interligadas com as práticas sociais mapeadas têm propiciado um importante fomento na criação de redes voltadas para o segmento infantil e juvenil vitimizado pela violação de direitos. São as redes de combate ao abuso e exploração sexual infanto-juvenil e as de proteção a crianças e adolescentes em situação de risco social. As primeiras se inserem no contexto da articulação política e as segundas estão voltadas para o atendimento integral das crianças, adolescentes e familiares. Em parte, a lógica da atuação em rede é a da racionalização dos recursos humanos e financeiros, visando diminuir o ônus financeiro que a problematização recente da violação grave de direitos pode acarretar ao Estado. A preocupação pela eficácia, eficiência e efetividade do trabalho é enfraquecida pelo risco do Estado brasileiro continuar a se manter à sombra de sua responsabilidade em prol da efetiva implementação das políticas públicas que vêm sendo desenhadas com a participação dos diversos setores da sociedade.[2]

---

2. As dificuldades para implantação das políticas não são somente de ordem orçamentária, sendo geradas também pela burocracia do Estado. Segundo notícia do *Jornal do Brasil*, de 27/3/2005, no orçamento da Secretaria Especial de Direitos Humanos estava prevista a aplicação de R$ 8,3 milhões no "apoio a serviços de atendimento a crianças e adolescentes sob medida de proteção", mas só foram executados R$ 2,2 milhões, repercutindo diretamente na prevenção e no atendimento a crianças e adolescentes vítimas do abuso e da exploração sexual. A questão do orçamento pertinente à população infantil e juvenil em geral merece ser aprofundada no país e tratada com transparência, como parte do processo de democratização, universalização e continuidade das políticas sociais. Ver: http://www.orcamentocrianca.org.br.

A tendência, observada a partir da década de 1990, é a da criação de redes com focos bem delimitados, como o dos maus-tratos, ou, mais especificamente, abuso e exploração sexual, e o da situação de rua. A abrangência geográfica das redes é variada: podem atuar no microcosmos de uma comunidade ou reunir parceiros de vários pontos de um município ou interligar ações sociais de vários municípios. No primeiro caso, constituem redes locais, podendo reunir projetos comunitários com órgãos públicos e entidades não-governamentais. No segundo, há diversas configurações possíveis, que associam instituições e grupos bastante diferenciados provenientes da sociedade civil e do setor público nos seus três níveis. No terceiro, a experiência ainda é bastante incipiente, restrita à ação de prefeituras que se unem com um objetivo comum, como, por exemplo, criar condições para solucionar a questão da migração para a capital de crianças e adolescentes em situação de rua, provenientes dos municípios que compõem uma determinada região metropolitana.

A Política Nacional de Assistência Social, consolidada em 2004, firma princípios que visam romper com práticas autoritárias e verticalizadas, criando condições ideológicas e culturais para a formação de redes. A matricialidade na família, centrando a política de assistência social nas necessidades do grupo familiar e na convivência familiar e comunitária, obriga seus agentes a se voltarem para o conhecimento e o fortalecimento de suas redes sociais. A idéia de territorialidade só pode ser operacionalizada com o fomento das redes locais, conectadas aos Centros de Referência de Assistência Social/CRAS (Proteção Social Básica) e Centros de Referência Especializado de Assistência Social/CREAS (Proteção Social Especial). A formação de rede é prevista na Política Nacional, visando ao relacionamento interorganizacional, entre agências estatais, e entre o Estado e a sociedade civil. Busca-se evitar a "lógica ineficaz e irracional da fragmentação, descoordenação, superposição e isolamento das ações" (MDS/CNAS, 2004: 41). O trabalho em rede não visa somente à otimização dos esforços, mas à valorização do contexto de vida do sujeito, priorizando o atendimento pelas instituições e pessoas inseridas no seu meio social.

É de fundamental importância frisar que a constituição de uma rede integrada, que ofereça um atendimento integral às crianças, aos adolescentes e suas famílias, deve estar articulada com os diversos setores das políticas sociais — assistência social, saúde, educação, habitação, planejamento, entre outros.

A formação de redes

A formação de redes exige ações concretas por parte de seus proponentes. Contudo, nem todas as medidas a serem tomadas são tão palpáveis: há que se lidar com os aspectos culturais e os relativos à vontade política e às relações interpessoais. Em termos culturais, é preciso confrontar a interiorização pelas pessoas do modelo hierárquico que predomina na nossa sociedade em diferentes níveis, como na família, nas organizações e nos governos. O aprendizado para uma ação horizontal, inovadora e sem competição excludente é primordial para as redes. O investimento em capacitação para atuar em rede é uma necessidade para a promoção de ações articuladas. Em termos políticos, a ação coletiva e democrática ganha um espaço que seria inviável em um empreendimento isolado. A formação para uma atuação política dirigida à conquista da cidadania plena deve ser um objetivo prioritário e uma ação continuada nas redes.

O aspecto das relações entre os membros da rede, e desses com pessoas e grupos externos, não deve ser menosprezado na formação da rede. A rede pode nascer de um agrupamento de pessoas com interesses em comum, mas neste estágio encontram-se autocentradas, isto é, voltadas para as suas necessidades. Schlithler (2003) sugere que o primeiro passo para a ação articulada consiste na formação de facilitadores, que devem passar por um "processo de grupalização", no qual seus membros compartilham objetivos, valores, conhecimentos e uma linguagem comum. Vínculos serão estabelecidos, favorecendo a interação e a aproximação humana. Sempre haverá novos integrantes na rede; porém, os facilitadores são constantes, favorecendo tanto a troca de experiências em um nível mais profundo quanto a continuidade dos trabalhos. É conveniente alertar que os facilitadores não comandam a rede. A sua condução se dá pela discussão e negociação. Como anuncia a Rede Municipal de Atenção Integral à Criança e ao Adolescente de Niterói, "entrar na Rede é abdicar de créditos individuais, o mérito é do grupo e o crédito deve ser de todos". A rede não tem dono; ela pode contar com um núcleo gestor, mas as reuniões são abertas, atraindo novos participantes. As atividades podem ser planejadas pelo núcleo e executadas por equipes.

A rede desnaturaliza algumas práticas; permite uma mudança de cultura que favorece a continuidade das práticas e desestimula o uso político-eleitoral do trabalho. Os operadores, os participantes, querem discutir, planejar, executar, acompanhar e avaliar. Um ajuda o outro, visando a atingir estes objetivos e, assim, a mudar a cultura na assistência social. Raramente, a mudança de coordenação dos programas leva ao seu desligamento do grupo.

Gestão

A concepção de rede tratada aqui se diferencia da formulação que se encontra disseminada em determinados setores públicos e privados, composta por uma organização vertical e hierarquizada das unidades, que obedecem e se comunicam somente com o seu pólo irradiador. A proposta que vem sendo tecida pelas experiências implica "interdependência e complementaridade numa organização horizontal descentralizada" (Furini e Góes, 2005).

A estrutura extensa e horizontal, caracterizada pelos elos estabelecidos entre seus membros, não exclui a existência de relações de poder nas associações internas e externas à rede. Contudo, o poder que a posse do conhecimento e da informação pode gerar encontra-se diluído, através da atuação dos "personagens-ponte" que assumem para si a tarefa de colocar os elos em contato, aumentando a eficácia da comunicação.[3] E como diz Regina Maria Marteleto (2001), "a influência de uma pessoa sobre outras pode ser grande, mas a autonomia da rede em que ela atua é incomparavelmente mais forte".

Investimento e sustentabilidade da rede

É consenso que as redes otimizam o atendimento, em termos humanos, materiais e financeiros. No entanto, as redes só se tornam operacionais se tiverem dinheiro para executar suas ações. É necessário haver previsão orçamentária para seu funcionamento.

Um exemplo desse cuidado foi a mobilização empreendida pela sociedade civil em Niterói, Rio de Janeiro, através do Fórum de Direitos da Criança e do Adolescente, que conseguiu uma emenda no orçamento para incluir uma verba para implementação do Plano Municipal de Enfrentamento à Violência contra a Criança e o Adolescente. O Plano foi elaborado pela Rede Municipal de Atenção Integral à Criança e ao Adolescente de Niterói, que é responsável pelo atendimento aos casos de maus-tratos.

Já a Rede de Proteção à Criança e ao Adolescente em Situação de Risco Social da Grande Porto Alegre conta com recursos do Banco Nacional de Desenvolvimento Econômico e Social (BNDES) e da contrapartida dos municípios para implementar suas ações. Trata-se de uma iniciativa oficial, de 2003, por parte de sete prefeituras que compõem a região metropolitana de Porto Alegre. Entre 2003 e 2004, foram investidos na Rede cerca de R$ 9,2 milhões, sendo cerca de 70% deste valor oriundo do BNDES.

A sustentabilidade é um desafio para as redes, que, freqüentemente, se originam de iniciativas da sociedade civil e encontram dificuldades de envolver setores do governo nas suas ações. Para Schlithler (2003), este desafio deve ser compartilhado com os financiadores, que muitas vezes são favoráveis à formação de redes. A previsão de recursos do Fundo para a Infância e Adolescência (FIA) é uma saída, tendo em vista que uma rede bem estruturada trará benefícios para esta população. Contudo, trata-se de uma solução parcial, na medida que os fundos dependem das doações, recursos esses disputados por vários projetos.

---

3. Atores ou elos são as pessoas que se comunicam em uma dada rede (Marteleto, 2001).

Como fazer...

A organização de uma rede de atendimento

Sempre é bom lembrar que não há fórmulas para a criação de movimentos, redes e organizações sociais, mas, sim, experiências consolidadas que podem sugerir idéias, metodologias e instrumentos aos demais interessados. As particularidades locais requerem estratégias diferenciadas de ação, mas sempre há pontos em comum que caracterizam as redes. Nesta parte, estão agrupados processos já vivenciados, com base na experiência de algumas redes e nas metodologias desenvolvidas por Schlithler (2003) e RHAMAS/IPAS.

— As redes surgem geralmente de um agrupamento de pessoas que possuem finalidades semelhantes, que podem ser, por exemplo, articular os atendimentos, propor políticas públicas e atuar na garantia de direitos. Visando mobilizar os diversos setores governamentais (municipais, estaduais e federais) e não-governamentais envolvidos no atendimento à criança, ao adolescente e à família, como assistência, defesa, justiça, saúde, educação, seus componentes podem optar por focar uma determinada questão. O objetivo inicial é promover a interação entre as instituições, criar uma "ambiência" para que esses parceiros se comuniquem. Na medida em que a rede vai consolidando sua experiência, ela pode ampliar sua abrangência, inclusive criando subsistemas inseridos em áreas geográficas específicas.

— Formado o grupo inicial, os participantes definem a identidade da rede, seus projetos, e dinâmica de funcionamento, através da elaboração do plano de ação. Neste processo, o diálogo e a troca são favorecidos e os laços se estreitam. A diversidade de opiniões deve convergir em objetivos comuns, não implicando na anulação das diferenças. A causa da rede é definida e pode ser expressa por meio da visão de futuro. O nome e a identidade visual (logo) são escolhidos. A definição dos conceitos referentes à temática central adotada auxilia na construção de uma linguagem comum que favoreça a comunicação. O grupo pode necessitar, nesse momento, de suporte técnico.

Jogando a rede

Esforços no sentido de "radicularizar a rede" foram empreendidos pela Rede Municipal de Atenção Integral à Criança e ao Adolescente de Niterói, Rio de Janeiro, que surgiu em 1998, visando integrar os serviços de atendimento à violação de direitos. Viu-se a necessidade de se voltar para as instituições que o grupo representava, e para as comunidades atendidas. A estratégia foi criar os Comitês de Defesa dos Direitos da Criança e do Adolescente, formados por representantes de diferentes instituições que atuam numa determinada localidade, governamentais, não-governamentais e comunitárias, para uma ação integrada. O Comitê de Charitas/Jurujuba, designado "experiência piloto", reúne cerca de vinte instituições dentro da comunidade, como escolas municipais e estaduais, programa médico de família, creches, Empresa de Assistência Técnica e Extensão Rural (EMATER), Fundação da Infância e da Adolescência e iniciativas comunitárias. Foi feito um levantamento de demandas dentro da comunidade, resultando em ações como a horta comunitária e o "caixote voador" para incentivar o hábito de leitura dentro da comunidade. Depois da criação do Comitê, o número de casos que chegam ao Conselho Tutelar diminuiu muito, segundo a avaliação realizada. A criação do Comitê provocou também a mudança da postura do profissional frente às famílias e às demais pessoas atendidas. Estabeleceu-se uma parceria com a universidade para capacitar os parceiros locais envolvidos nos comitês com o objetivo de explorar as possibilidades das redes de serviço, ou seja, conhecer suas funções, como e onde ter acesso aos mesmos. A criação dos comitês aproximou os atores envolvidos na garantia de direitos favorecendo o diálogo e as ações em conjunto, além de promover, a partir de uma iniciativa local, a almejada atuação intersetorial.

— As ações são implementadas de acordo com a metodologia de trabalho do grupo. Dois exemplos de organização do trabalho são dados por Célia Regina Schlithler (2003), especialista na formação de facilitadores das redes. Estas têm optado pela criação de *Grupos de Ação* ou *Grupos por Ação*:

"No primeiro caso, cada grupo fica voltado para uma área de atividades[4] e todos interagem nos mesmos projetos. No segundo caso, são formados grupos para desenvolver cada um dos projetos em todos os seus aspectos. Cada novo integrante da rede adere a um dos grupos. Cada grupo

4. Por exemplo: Comunicação, Capacitação, Recursos e Políticas Públicas.

conta com um ou mais facilitadores, que propõe ferramentas para a organização das ações, promove a participação democrática e, principalmente, ajuda o grupo a não perder os objetivos da rede de vista".

Os grupos de facilitadores podem ser renovados, escolhidos pela rede. Os facilitadores participam de reuniões de planejamento e avaliação, contudo, sugerimos que, consolidada a rede, essas reuniões sejam abertas a todos os participantes. Cada novo membro que chega é preparado para assumir suas funções, garantindo a continuidade das ações.

Uma rede voltada para o atendimento direto tem a tarefa de levantar, contatar e definir as instituições, programas, projetos e serviços de referência, as normas a serem utilizadas e condições de atendimento de cada setor. As equipes das instituições participantes deverão estar cientes e preparadas para essa nova concepção de trabalho. Nem todos os locais têm as mesmas condições de ofertas de serviços, públicos ou não. Nesses casos, além do mapeamento das instituições capazes de dar suporte à rede, os grupos deverão planejar estratégias de pressão para a implementação de políticas públicas e instigar e apoiar as organizações locais, com o objetivo de reduzir as lacunas do atendimento.

O estabelecimento do fluxo do atendimento da rede evita a multiplicidade de atendimentos, favorecendo a todos e preservando as crianças e adolescentes de passar por avaliações desnecessárias. O fluxo visa também garantir o atendimento integral e integrado, a partir de uma visão não fragmentada do sujeito e da ação social.

Estratégias de mobilização da sociedade devem ser adotadas em prol da causa defendida pela rede. As redes escolhem datas estratégicas para lançar campanhas de conscientização e de mobilização da sociedade em torno de questões específicas, como, por exemplo, o enfrentamento da violência. Pode-se utilizar os meios de comunicação e as instituições que lidam com grandes grupos: as escolas, as comunidades religiosas, as associações etc. Os serviços de referência devem ser divulgados, favorecendo o acesso da população.

Resultados da articulação: inovações e continuidade na ação do poder público

Uma experiência positiva ocorreu em Niterói, no Rio de Janeiro, cuja Rede pressionou e obteve da Secretaria Municipal de Saúde a criação de um serviço de acompanhamento terapêutico das crianças e adolescentes vítimas de maus-tratos. Outro tipo de pressão é o combate às tentativas de extinguir programas públicos que prestam bons serviços à população. A Rede de Niterói se mobilizou contra a ameaça de extinção de um serviço estadual que vem realizando um trabalho de qualidade na identificação e no diagnóstico da violência contra crianças e adolescentes.

Fluxos da rede

A Rede Integrada de Niterói desenhou um *fluxo de atendimento*, no qual cada grupo de instituições tem um papel específico a desempenhar. Estão definidos os órgãos de recebimento das denúncias de violação de direitos, sendo o Conselho Tutelar o órgão centralizador de denúncias. Constatado o fato pelos órgãos de identificação e diagnóstico, o caso é acompanhado pelos órgãos judiciais e pelos serviços de atendimento terapêutico.

O atendimento requer um *fluxo de informação*, operacionalizado por instrumentos de notificação, criados em uma oficina assessorada pelo Conselho Municipal dos Direitos da Criança e do Adolescente (CMDCA). Dessa forma, as informações circulam entre as instituições que acompanham o caso. A criança recebe um cartão de identificação, que fica com a família. É um cartão único, onde se verifica o percurso dela dentro da Rede. Atendimentos agendados são registrados no cartão e as informações são inseridas no prontuário em cada serviço.

Mobilização social

A Rede Rio Criança (RRC) surgiu em meados de 2001, e atualmente é formada por quinze instituições, a maioria não-governamental. As instituições se reúnem por meio de colegiado e de assembléias deliberativas. A RRC está organizada em três eixos, ação direta, mobilização social e rede, com o objetivo de "transformar, por meio de uma ação articulada e complementar, a realidade das crianças e adolescentes em situação de rua, fortalecendo o seu protagonismo, articulando a Rede de garantia de direitos e promovendo uma mudança de olhar por parte da sociedade e do Poder Público, tendo por base os direitos, necessidades, potencialidades, competências e sonhos inerentes a toda e qualquer criança/adolescente" (RRC, 2004). O eixo "mobilização" atua sobre setores estratégicos da sociedade (mídia, Poder Público, entorno imediato das crianças), tendo por fim superar a fragmentação das lutas em defesa dos direitos e unificar as forças para elaboração e monitoramento de políticas públicas para a infância e adolescência.

Caindo na rede: os integrantes

As redes são formadas por pessoas, que se encontram em um espaço de mediação e convívio. Elas estão representando instituições, contudo, ao "caírem na rede", lutarão pela constituição de um outro organismo, não havendo necessidade de estar formalmente instituído. A rede pode se manter como movimento instituinte, flexível à dinâmica das demandas e dos fluxos das instituições e dos grupos, mas não deixa de ser um espaço constituído, com objetivos e metas a atingir, que em algum momento podem ser percebidos como em competição por algum representante. O indivíduo pode se ver frente a uma tensa e complexa formulação a resolver, um nó que a rede deve desfazer em conjunto. A mediação e o convívio em prol dos objetivos em comum, que, em última instância, são os interesses da população atendida, requerem um determinado perfil dos participantes: flexibilidade, capacidade de ouvir o outro, de compartilhar objetivos, informações, enfim, de trocar. A escolha dos representantes por parte das instituições deve se calcar nestes critérios gerais e também naqueles considerados necessários para a rede que se quer implementar. Nem sempre o escolhido será o gestor; um técnico ou um educador que conhece com mais profundidade e extensão a comunidade e seus grupos é capaz de favorecer com mais presteza a articulação das organizações. Fundamental é comprometer os gestores no trabalho que se está propondo. A experiência mostra que sem o comprometimento dos gestores, as redes têm imensas dificuldades em executar suas ações, devido à falta de apoio político e financeiro.

Pesquisa e conhecimento na rede

As redes constituem um espaço onde novas representações e ações emergem, exigindo de seus integrantes conhecimentos de processos e informações pontuais próprios à nova dinâmica de transformação da realidade social. Há todo um conhecimento gerado das práticas lançadas pela rede; entretanto, as práticas adquirem outra dimensão quando estão acompanhadas do suporte das pesquisas. O planejamento, o acompanhamento e a avaliação das ações demandam a investigação diagnóstica e a seleção de indicadores que permitam dimensionar a relevância e a efetividade de uma determinada intervenção. O trabalho articulado exige não somente o estudo do público-alvo, como também da oferta e do funcionamento dos serviços, dos mecanismos que proporcionem o aumento da capacidade e da qualidade do atendimento, das parcerias entre os vetores público, privado e o terceiro setor, das relações estabelecidas entre as organizações comunitárias e os serviços inseridos nas pequenas localidades, dentre uma infinidade de questões pertinentes a cada tipo de rede. Este procedimento permite ao grupo propor ações condizentes com as demandas identificadas horizontalmente junto às instituições e ao público que poderá ser beneficiado com o trabalho da rede. As parcerias entre universidade, rede e comunidade possibilitam a articulação entre investigação científica e intervenção técnica orientada para a práxis. Trata-se de uma oportunidade de estabelecer novas relações e de ir em busca do novo, para além das construções consolidadas, conforme defendem Freire e Grandino (1999).

As universidades e centros de pesquisa, inseridos ou não na rede, podem auxiliar no acesso e na utilização dos dados secundários, provenientes de pesquisas concluídas. A informatização das redes, com o objetivo de facilitar a circulação da informação e o armazenamento de dados, é uma meta ainda bastante distante da realidade da maioria das iniciativas. As organizações interligadas em rede virtual teriam intervenções mais ágeis e bem informadas. Não obstante o consenso em torno das vantagens da informatização, nem mesmo os órgãos oficiais obtiveram, até o presente, uma utilização plena do SIPIA — Sistema de Informação para Infância e Adolescência.

Pesquisa na rede

As redes que baseiam suas ações na pesquisa criam condições para uma melhor orientação de suas atividades. Duas Redes, uma do Rio de Janeiro e outra de Porto Alegre, ambas voltadas para o atendimento a crianças e adolescentes em situação de rua, realizaram estudos sobre a vida dessas crianças.

Saber o que os meninos e as meninas que estão nas ruas têm a dizer, conhecê-los, era uma das principais necessidades apontadas pela Rede Rio Criança. Para tanto, a Rede desenvolveu uma pesquisa-ação, de cunho qualitativo, na qual foram identificadas as demandas, necessidades e visões de mundo das crianças e adolescentes em situação de rua na cidade do Rio de Janeiro. Foram entrevistadas 67 crianças e adolescentes, com idades entre 8 e 19 anos, em diversos bairros da cidade. A pesquisa envolveu mais de 100 pessoas, entre educadores da Rede Rio Criança, estagiários e pesquisadores. Em 2002, a pesquisa "Crianças e adolescentes em situação de rua — Tecendo suas Histórias" foi lançada, subsidiando o trabalho desenvolvido pela Rede Rio Criança.

A Rede de Proteção à Criança e ao Adolescente em Situação de Risco Social da Grande Porto Alegre realizou uma pesquisa levantando o "Perfil e Mundo das Crianças e Adolescentes em Situação de Rua da Grande Porto Alegre"; recenseou e conheceu os modos de vida e as representações de mundo social da população infanto-juvenil em situação de rua nos sete municípios que compõem a rede. Utilizando dados do Instituto Brasileiro de Geografia e Estatística (IBGE) sobre a região, a pesquisa estabeleceu o índice de vulnerabilidade infanto-juvenil nos sete municípios. Uma rede informatizada recebe os dados das crianças e adolescentes atendidos. O sistema, inicialmente, só pôde ser implantada em quatro cidades, devido à falta de infra-estrutura nos locais de trabalho. A Rede foi criada em 2003, resultado de uma iniciativa das prefeituras locais, instigadas pela Prefeitura de Porto Alegre.

Desafios e soluções

A emergência das redes evidencia sinais de mudanças na concepção e nas ações das políticas sociais, historicamente imbricadas com o clientelismo e apropriadas como mercadorias do jogo eleitoral. Gerenciadas de forma verticalizada, essas *políticas* tinham seus *donos* e seus focos territoriais e populacionais. As entidades sociais, com suas estruturas hierarquizadas e estatutos rígidos, formavam associações e federações nesses mesmos moldes. A proposta de trabalho em rede somente tornou-se possível com o arejamento das organizações que passaram a adotar gestões participativas. Uma nova concepção do público-alvo dos programas e projetos sociais vem se construindo, que, de *incapaz* tornou-se *competente* para, com o apoio dos profissionais da área social, planejar e acionar medidas visando superar condições adversas de vida.

Não obstante os avanços, persiste o quadro adverso das desigualdades sociais e dos desníveis entre os municípios, onde a presença do Estado ocorre de forma discrepante. Os municípios, de todos os portes, apresentam precariedades que afetam a população de baixa renda, contudo, aqueles mais pobres têm dificuldades em estabelecer infra-estrutura de apoio, tornando essencial a articulação ao nível regional. Como alertam Furini e Góes (2005), a formulação e a implementação das políticas públicas enfrentam as peculiaridades do poder local, envolvendo o prefeito e os grupos de interesse. Os conflitos entre os setores públicos e não-públicos, a centralização das decisões e a descentralização descom-

Políticas sociais integradas rumo às ações articuladas

> Em março de 2006, representantes de instituições governamentais, não-governamentais e do sistema de garantia de direitos da criança e do adolescente se reuniram em Recife, com o propósito de promover um processo de discussão, articulação e formulação metropolitana em torno da questão da convivência familiar e comunitária, em especial a situação de rua, com vistas à implementação de uma Política Metropolitana de Atenção Integral à Criança e ao Adolescente e a organização da Rede Metropolitana Pró-convivência Familiar e Comunitária. Nesta ocasião foi firmado um Termo de Compromisso entre quatro municípios da Região Metropolitana de Recife (Camaragibe, Jaboatão dos Guararapes, Olinda e Recife), visando a promoção de ações de atenção integral na RMR e garantir o direito à convivência familiar e comunitária às crianças, adolescentes em situação de rua e risco social e pessoal. A dinâmica dos trabalhos dos grupos foi orientada de modo a contemplar os aspectos Gestão e Execução da Rede, quando se estabeleceu um fluxo de ações para a sua implementação (*Relatório do Seminário Metropolitano Pró-Convivência Familiar e Comunitária*. Olinda, 21 e 22 de março de 2006).

prometida com a melhoria da qualidade de vida da população são desafios colocados para as redes. Porém, como demonstram as experiências apontadas neste livro, as ações articuladas são perfeitamente viáveis e trazem resultados que não seriam possíveis caso continuassem em curso de forma fragmentada e isolada, como ainda ocorre de modo predominante no país.

Capítulo 7

Impasses, desafios e caminhos na garantia do direito à convivência familiar e comunitária de crianças e adolescentes

Diversos pontos foram destacados nos capítulos anteriores na forma de impasses, desafios e possíveis caminhos para subsidiar políticas e práticas que promovam o direito à convivência familiar e comunitária. A título de fechamento do livro, sintetizaremos algumas destas idéias.

Seguidas vezes, nos reportamos ao que denominamos de *atitude de acolher* crianças e adolescentes. Falamos também de acolhimento às famílias como sendo uma forma de acolher seus filhos e garantir a convivência familiar e comunitária. Entendemos que a prática de acolher está associada ao referencial de direitos humanos e refere-se à noção de que viver com dignidade é um direito de todo cidadão.

Ao longo deste livro, questionamos posições simplistas que associam a pobreza às noções de violência, risco e violação de direitos de crianças e adolescentes. A situação de pobreza não explica e muito menos justifica os inúmeros casos de exploração e abuso de crianças e adolescentes. Porém, ela constitui um dos desafios para os quais devem existir respostas priorizadas pelo poder público, pois debilita a família no cumprimento de seu papel parental.

Neste sentido, defendemos a posição de que, diante da complexidade e multiplicidade do fenômeno, não há modelos ou respostas únicas e sim um amplo campo de possíveis medidas a serem tentadas. É preciso que exista um leque de ações que garantam a continuidade do atendimento àqueles que necessitem, sempre levando em consideração o contexto de vida da criança/adolescente e seus elos familiares e comunitários.

Por isso, repetidas vezes falamos em fortalecimento destes elos. E aqui gostaríamos de deixar marcada a seguinte afirmação: em geral, as ações que conduzem ao afastamento da criança de casa são inadequadas e pouco efetivas na superação das dificuldades que levaram à situação de vulnerabilidade. Condições dignas de vida e formas consistentes de suporte para a criação dos filhos poderiam evitar separações desnecessárias e fortalecer os elos entre criança/adolescente, família e o meio a que pertencem.

Identificando os impasses e enfrentando os desafios

Articulação e interdisciplinariedade de ações e respostas

Vimos que os programas que se empenham em articular seus serviços com uma gama de outros profissionais, disciplinas e organizações, complementando sua atuação, parecem aumentar significativamente as chances de sucesso no atendimento aos casos que lhes chegavam.

Ao desenvolvermos o tema da importância da articulação, discutimos as noções de parceria e de rede, amplamente disseminadas entre os diferentes tipos de instituições que atuam na área da infância e da adolescência. Mostramos que há uma diversidade de concepções de parceria, o que se reflete claramente nas práticas.

As entrevistas realizadas junto a diversas iniciativas no país revelaram algumas dificuldades no estabelecimento de ações articuladas, principalmente com os Conselhos Tutelares e com o Judiciário. Um dos nós mais citados nas entrevistas realizadas consistiu na relação conflituosa com os Conselhos Tutelares, pontuada por disputas de poder. Contudo, esse foi também o espaço onde as soluções criativas puderam emergir, possivelmente pela relação cotidiana que esses atores são compelidos a viver, não tão marcada pela estrutura hierárquica que existe, por exemplo, na esfera do Judiciário. Alguns dos pontos de impasse relatados ajudam a identificar possíveis soluções. Entre eles, foram citados: o encaminhamento indiscriminado de crianças para os abrigos, inclusive para outros municípios, violando seu direito à convivência familiar e comunitária; situações como a de crianças abrigadas por castigo, por exemplo, porque desobedeceram às mães; dificuldades de comunicação entre as diferentes instâncias ou mesmo entre os próprios Conselhos Tutelares.

Os encaminhamentos equivocados, desconhecendo-se o papel e a atuação das instituições de atendimento, aparecem igualmente como um entrave ao esforço de articulação das ações. As lacunas na capacitação são patentes quando se percebe que não há padronização conceitual e de procedimentos.

Em essência, cabe frisar que é hoje claramente reconhecida a necessidade de articulação em todas as esferas do atendimento a crianças, adolescentes e suas famílias. Ficam os desafios de busca das formas mais eficientes e eficazes de fazê-lo. De novo, não há receitas. Porém, há diversas experiências exitosas no país que apontam alguns caminhos interessantes.

Assinalamos, em seguida, alguns dos desafios e estratégias destacados pelos profissionais e iniciativas aos quais tivemos acesso.

Gestão e execução: clareza de responsabilidades e atribuições

Vimos que há tensões que revelam falta de clareza de responsabilidades e atribuições entre as diversas instituições atuantes e entre as esferas pública e privada. Nos exemplos que ilustraram os capítulos anteriores, observou-se que muito do que é feito no campo fundamental de apoio à população no cuidado das crianças/adolescentes está sob a responsabilidade de organizações não-governamentais. Estas se vêem, com freqüência, diante da impossível missão de responder às demandas com que se deparam. Incluímos alguns exemplos de parcerias bem-sucedidas de gestão de programas entre organizações não-governamentais e governo a fim de destacar sua viabilidade e provocar o debate sobre este tema, ao nosso ver, de crucial relevância.

Continuidade de políticas e práticas

Um dos problemas indicados pela maioria dos profissionais entrevistados foi a constante ameaça de descontinuidade de políticas e ações em desenvolvimento, devido a mudanças políticas. Isso é particularmente verdadeiro para as iniciativas que dependem de subsídios governamentais. Muitos relataram ver com temeridade as mudanças políticas que podem comprometer qualitativamente o atendimento ou mesmo inviabilizá-lo. Há inúmeras experiências de sucesso no país que foram arbitrariamente interrompidas devido a determinações de ordem política. Infelizmente, várias delas foram apagadas sem que tenham sido devidamente documentadas.

Crianças e adolescentes com deficiências

Outro importante desafio a ser enfrentado refere-se aos casos em que as circunstâncias envolvem, além da pobreza, crianças e adolescentes com deficiências. Conforme assinalamos, as dificuldades, nesses casos, multiplicam-se e apresentam graus variados de demandas que, em geral, dependem de intervenções multi-setoriais. Como predomina uma articulação ainda incipiente entre os diversos atores e instituições na maioria dos municípios pesquisados, vemos que, com freqüência, reproduz-se a violação de direitos das crianças e dos adolescentes, na medida em que não se consegue garantir a convivência familiar e comunitária dos mesmos.

Superando os impasses e entraves

Articulando decisões e ações

Diversas instituições e atores vêm trabalhando na superação destes obstáculos, respondendo positivamente à necessidade de elaboração conjunta de planos de trabalho com outras organizações de defesa e operação dos direitos, bem como com as instituições de atendimento. Nestes casos, as decisões são tomadas coletivamente e envolvem uma gama variada de atores do sistema de garantia de direitos. Esforços vêm sendo empreendidos no sentido de filtrar as demandas e encaminhá-las aos órgãos específicos. A orientação junto às instituições que normalmente fazem encaminhamento de casos é uma saída que tem apresentado bons resultados, inclusive, a diminuição da demanda junto aos Conselhos Tutelares.

Diálogo e reflexão crítica das práticas

Os diversos profissionais que partilharam conosco suas opiniões a respeito do que consideravam ferramentas necessárias ao bom funcionamento das iniciativas revelaram que a chave estava na existência de espaços de diálogo e de troca de experiências. Foram praticamente unânimes em apontar que a melhor maneira de fazê-lo era por meio de capacitações continuadas, permitindo o aprofundamento das discussões, do estudo coletivo e da reflexão crítica, com base na experiência cotidiana. O apoio aos fóruns de discussão, setoriais e intersetoriais, é fundamental para uma gestão democrática das políticas, com base na participação dos diversos atores envolvidos no processo de planejamento e execução das ações.

Registrando e avaliando as ações: a pesquisa como subsídio às políticas públicas

Em um país onde as políticas públicas permanecem intimamente relacionadas ao mercado eleitoral, a pesquisa pouco aparece enquanto subsídio fundamental às políticas e práticas, que, em geral, surgem de forma intuitiva e assistemática. O processo de formulação de políticas e práticas é nitidamente dissociado da necessidade de estudo e análise de dados empíricos. Portanto, entende-se porque o registro e a avaliação das ações não sejam vistos como prioridades.

De acordo com os depoimentos coletados para este estudo, diversas das iniciativas focalizadas procuravam introduzir alguns instrumentos de registro e avaliação de suas atividades, mais como resposta à demanda dos financiadores. Vimos que, na maioria das vezes, as equipes são responsáveis por avaliar o próprio trabalho, reunindo dados sobre os atendimentos realizados e discutindo os casos. Este exercício, sem sistematicidade e a devida orientação profissional, tem um alcance limitado. Vários dos entrevistados apontaram a necessidade de aprofundar seu conhecimento nesta e em outras áreas. Aqueles que vêm conseguindo manter espaços de estudo e reflexão, sobretudo por meio de parcerias com universidades, parecem obter os melhores resultados.

Afirmamos, na introdução deste livro, acreditar que crianças, adolescentes e famílias que, por algum motivo, precisem de apoio, podem recebê-lo de forma acolhedora e competente, sem que se rompam os vínculos afetivos existentes. Defendemos que, ao contrário, esses elos podem ser fortalecidos. Com esta idéia em mente, dialogamos com diversos profissionais sobre o que vem sendo realizado no país para garantir a convivência familiar e comunitária. Para isso, partimos de quem faz e da análise de suas práticas. Esperamos que esta discussão ajude a aprofundar o debate em curso no país e que as experiências que serviram de base para a composição deste livro sirvam de inspiração para muitos outros.

Referências bibliográficas

ABREU, Martha e MARTINEZ, Alessandra F. Olhares sobre a criança no Brasil: perspectivas históricas. In: RIZZINI, Irene (org.). *Olhares sobre a criança no Brasil — séculos XIX e XX*. Rio de Janeiro: EDUSU, 1997.

ABTH. Associação Brasileira Terra dos Homens. *Do abrigo à família*. Rio de Janeiro: ABTH, Booklink, 2002a.

______. Associação Brasileira Terra dos Homens. *Trabalho social com família*. Rio de Janeiro: ABTH, Booklink, 2002.

______. *Violência intrafamiliar*. Rio de Janeiro: ABTH, Booklink, 2003.

______. *Colóquio Internacional Sobre Acolhimento Familiar*, 2004.

ABTH. Associação Brasileira Terra dos Homens (coord.). *Projeto reordenamento de abrigos*. Rio de Janeiro, 2004.

ALMEIDA, Nelli M. C. e DELGADO, P. G. G. (orgs.). *De volta a cidadania: políticas públicas de saúde para crianças e adolescentes*. Rio de Janeiro: Instituto Franco Basaglia/FUNLAR, 2000.

ALTOÉ, Sônia. *Infâncias perdidas: o cotidiano nos internatos-prisão*. Rio de Janeiro: Xenon, 1990.

ARRETCHE, Marta. "Tendência no estudo sobre avaliação". In: RICO, Elizabeth M. (org.). *Avaliação de políticas sociais*: uma questão em debate. São Paulo: Cortez, 1998.

AZEVEDO, Maria Amélia e GUERRA, Viviane N. (orgs.). *Infância e violência doméstica: fronteiras do conhecimento*, 3. ed. São Paulo: Cortez, 2000.

BAPTISTA, Rachel. *Acolhimento familiar: uma experiência brasileira*. Projeto (Mestrado em Serviço Social). Rio de Janeiro: Pontifícia Universidade Católica do Rio de Janeiro, abr. 2005.

BITTENCOURT, Isabel L. Fuck. *Acolhimento familiar: a experiência do Programa Famílias de Apoio São Bento do Sul/SC*. (www.exbr.com/www/gerandoamor — consulta em 10/1/2005).

BITTENCOURT, Isabel L. Fuck. "Acolhimento familiar: relato da experiência". In: CABRAL, Claudia. *Acolhimento familiar: experiências e perspectivas*. Rio de Janeiro: ABTH, 2005.

BOBBIO, Norberto. *A era dos direitos*. 19. reimp. Trad. Carlos Nelson Coutinho. Rio de Janeiro: Elsevier, 1992.

BOSWEL, John. *The kindness of strangers: the abandonment of children in Western Europe from late Antiquity to the Renaissance*. New York: Vintage Books, 1988.

BRASIL. Lei de Diretrizes e Bases da Educação Nacional n. 4.024, 20 dez./1961.

______. Leis, Decretos. Estatuto da Criança e do Adolescente n. 8.069, de 13 de julho de 1990. Brasília, 1990.

CABRAL, Claudia (org.). *Acolhimento familiar: experiências e perspectivas*. Rio de Janeiro: ABTH, 2005.

CALDERÓN, A.; GUARÁ, Isa e CARVALHO, Maria do Carmo B. *Guarda familiar: desafios e propostas*. São Paulo: IEE PUC-SP/CBIA, 1994.

CARVALHO, Maria do Carmo B. *A família contemporânea em debate*. São Paulo: Cortez, 2002.

CECIF. *101 perguntas e respostas sobre alternativas de convivência familiar: família de apoio, guarda e apadrinhamento afetivo*. São Paulo: CECIF, 2003. 127 p.

CIESPI, Rede Rio Criança, Fundación Terre des hommes. Coordenação: Irene Rizzini. *Crianças e adolescentes em situação de rua na cidade do Rio de Janeiro: tecendo suas histórias*. Relatório de pesquisa. Rio de Janeiro, 2002.

CIESPI/MOTE. Do *confinamento ao acolhimento*: mudando a prática de institucionalização de crianças e adolescentes com deficiências no estado do Rio de Janeiro. Projeto de pesquisa. Rio de Janeiro: CIESPI/MOTE. Apoio CNPq, 2006.

CONSELHO MUNICIPAL DA CRIANÇA E DO ADOLESCENTE. *Deliberação n. 032/96*. Rio de Janeiro: CMDCA/RJ, 1996.

______. *Política de abrigo*. Rio de Janeiro: CMDCA/RJ, 2001.

CORREIA, Vera Lúcia C. *Uma alternativa ao atendimento à criança vítima de violência doméstica*. UERJ, pós-graduação em Psicologia Jurídica, 1999.

COURTNEY, Mark. "Acolhimento familiar de crianças nos Estados Unidos: panoramas e desafios. O social em questão". *Revista do Departamento Social da PUC-Rio*. Rio de Janeiro: PUC-Rio, segundo semestre de 2005.

COUTO, Maria Cristina Ventura. "Abrigos para 'menores deficientes': seus impasses clínicos, assistenciais e éticos". In: ALMEIDA, Neli Castro e DELGADO, Pedro Gabriel (orgs.). *De volta à cidadania: políticas públicas de saúde para crianças e adolescentes*. Rio de Janeiro: Instituto Franco Basaglia/FUNLAR, 2000.

CURY, Munir; AMARAL E SILVA, Antônio F. e MENDEZ, Emílio G. *Estatuto da Criança e do Adolescente. Comentários jurídicos e sociais*. São Paulo: Malheiros, 1992.

DECLARAÇÃO de Estocolmo. *Children and residential care: new strategies for a new millennium.* 2nd International Conference, Stockholm. Stockholm University, Swedish National Committee for UNICEF, Swedish National Committee of the International Council on Social Welfare, 12-15 de maio, 2003.

DECRETO n. 8.189, de 10 de junho de 2003. *Dispõe sobre regulamentação do programa "Família de apoio"*. Instituído pela Lei n. 5.740/2002. Franca, 2002.

DESLANDES, Suely F.; ASSIS, Simone G. e SILVA, Helena O. *Famílias: parceiras ou usuárias eventuais?* Brasília: Claves, UNICEF, 2004.

DI PIERRO, Maria Clara. "Descentralização, focalização e parceria: uma análise das tendências nas políticas públicas de educação de jovens e adultos". *Educ. Pesqui.* [online]. jul./dez. 2001, v. 27, n. 2 [citado 30 abril 2005], pp. 321-337. www.scielo.br/scielo.

ELIAS, Roberto João. *Comentários ao Estatuto da Criança e do Adolescente: Lei n. 8.069, de 13 de julho de 1990.* São Paulo: Saraiva, 1994.

EX-COLA. Construindo ações autônomas: projeto de pesquisa e capacitação para implementação da política de abrigo à criança e ao adolescente no Município do Rio de Janeiro. SOUZA, Antonio M. e NAIFF, Luciene A. M. (coords.). Rio de Janeiro, 2004.

FÁVERO, Eunice Teresinha. *Serviço Social, práticas judiciárias, poder: implantação e implementação do Serviço Social no juizado de menores de São Paulo.* São Paulo: Veras Editora, 1999.

FONSECA, Claudia. Criança, família e desigualdade social no Brasil. In: RIZZINI, Irene et al. *A criança no Brasil hoje: desafio para o Terceiro Milênio.* Rio de Janeiro: Editora Universitária Santa Úrsula, 1993.

______. Olhares antropológicos sobre a família contemporânea. In ALTHPFF, Coleta; ELSEN, Ingrid e NITSCHKE (orgs.). *Pesquisando a família: olhares contemporâneos.* Florianópolis: Papa-Livro, 2004.

FOUCAULT, Michel. *Vigiar e punir.* Petrópolis: Vozes, 1987.

______. *Em defesa da sociedade.* São Paulo: Martins Fontes, 2002.

FRANCO, Abigail Aparecida de Paiva. *A família acolhedora na comarca de Franca: análise crítica do processo de implantação.* Tese de doutorado. Franca: Unesp, 2004.

FREIRE, Angela Biazi e GRANDINO, Patrícia Junqueira. "Atenção em rede: o psicólogo e a comunidade". *Psi,* revista de psicologia social e institucional, v. 1, n. 1, jan./1999 (www2.ccb/psicologia/revista/rede.htm).

FREIRE, Paulo. *Pedagogia do oprimido.* Rio de Janeiro: Paz e Terra, 1978.

FURINI, Luciano Antonio e GÓES, Eda Maria. Redes sociais e representações sociais. *VII Coloquio Internacional de Geocrítica — Los Agentes Urbanos y las Politicas sobre la Ciudad.* Santiago de Chile: Instituto de Geografía — Pontificia Universidad

Católica de Chile, 24-27 de mayo 2005. (www.ub.es/geocrit/7-colfurini.htm — consulta em 4/6/2005).

GHATE, Deborah e HAZEL, Neal. "A família em contextos de pobreza na Grã-Bretanha: desafios e formas de apoio existentes no cuidado dos filhos". *O Social em Questão*. Rio de Janeiro: PUC-Rio, segundo semestre de 2005.

GIUSTINA, Joacir Della (coord.). Diretrizes nacionais para a política de atenção integral à infância e à adolescência, 2001-2005. Brasília: CONANDA, 2000.

GOMES, Marcy. "O projeto Família Acolhedora no Rio de Janeiro". In CABRAL, Claudia. *Acolhimento familiar: experiências e perspectivas*. ABTH: Rio de Janeiro, 2004.

GUARESCHI, P. "A criança e a representação de poder e autoridade: negação da infância e afirmação da vida adulta". In: SPINK, Mary Jane (org.). *O conhecimento no cotidiano*. São Paulo: Brasiliense, 1995.

GULASSA, Maria Lúcia. Entrevista à *Folha de S.Paulo*. São Paulo, 6/2/2005.

HOUAISS, Antônio. *Dicionário Houaiss de sinônimos e antônimos da língua portuguesa*. Instituto Antônio Houaiss de Lexicografia e Banco de Dados da Língua Portuguesa. Rio de Janeiro: Objetiva, 2003.

INDICATIVOS dos Marcos Evolutivos das Ações do Programa de Acolhimento na comarca de Franca/SP, de 1992 a 2004.

INSTITUTO BRASILEIRO DE GEOGRAFIA E ESTATÍSTICA (2000). Censo demográfico 2000.

INSTITUTO DE ESTUDOS ESPECIAIS, CENTRO BRASILEIRO PARA A INFÂNCIA E ADOLESCÊNCIA. *Trabalhando com famílias*. São Paulo: IEE/PUC-SP, CBIA-SP, mar. 1992. Cadernos de Ação, n. 1.

JORNAL DO BRASIL. "Contenção de gastos prejudica o social". Rio de Janeiro, 27/03/2005. Matéria de Hugo Marques.

KALOUSTIAN, Sílvio Manoug (org.). *Família brasileira, a base de tudo*. São Paulo/Brasília: Cortez/UNICEF, 2004.

LEI n. 5.740, do dia 22 de agosto de 2002. *Institui o Programa "Família de Apoio" e dá outras providências*. Franca, 2002.

LEI n. 13.545, de 31 de março de 2003. *Institui o Programa Família Guardiã, para propiciar convivência familiar à criança e ao adolescente afastados temporariamente da família natural por ordem judicial e dá outras providências*. São Paulo, 2003.

LUNA, Matilde. *Acogimiento familiar, respuesta social y de Estado em el cuidado de la infância*. Buenos Aires: Editorial Distribuidora Lumen SRL, 2001.

MARCÍLIO, Maria Luiza. *História social da criança abandonada*. São Paulo: Hucitec, 1998.

MARTELETO, Regina Maria. Análise de redes sociais — aplicação nos estudos de transferência da informação. *Ci. Inf.* [online]. jan./abr. 2001, v. 30, n. 1, pp. 71-81 (www.scielo.br — consulta em 7/6/05).

MENÉNDEZ, Célia; PERAUER, Mônica e NICORA, Maria Elvira Dezeo de. "Acogimiento Familiar. Una respuesta solidária a la família en dificultad". *Revistas de Fundación Emmanuel*, n. 1 al 11, 1998.

MIGUEZ NAIFF, L. *As representações sociais da chegada da maioridade e do ser adulto para adolescentes e jovens em situação de rua*. Universidade do Estado do Rio de Janeiro. Dissertação (mestrado). Rio de Janeiro, 2000.

MINISTÉRIO DA SAÚDE. "Caminhos para uma política de saúde mental infanto-juvenil". Brasília: Editora MS, 2005.

MINISTÉRIO DO DESENVOLVIMENTO SOCIAL E COMBATE À FOME. Conselho Nacional de Assistência Social (CNAS). *Política Nacional de Assistência Social*. Brasília: MDS/CNAS, novembro de 2004.

MIOTO, Regina C. T. "Novas propostas e velhos princípios: a assistência às famílias no contexto de programas de orientação e apoio sociofamiliar". In: SALES, Mione A.; MATOS, Maurílio C. e LEAL, Maria Cristina (orgs.). *Política social, família e juventude: uma questão de direitos*. São Paulo: Cortez, 2004.

NADER, Gizlene. *Ajustando o foco das lentes: um novo olhar sobre a organização das famílias no Brasil*. São Paulo: Cortez, UNICEF, 1994.

NAIFF, L. A. M. e SÁ, C. P. "A exclusão social nas memórias autobiográficas de mães e filhas". In IV Jornada Internacional e II Conferência Brasileira sobre Representações sociais. João Pessoa. Teoria e Abordagens Metodológicas, 2005. CD-ROM.

ORGANIZAÇÃO MUNDIAL DE SAÚDE (OMS). *Relatório sobre violência e saúde*. Genebra: Organização Mundial de Saúde, 2002.

PARLETT, Malcolm e HAMILTON, David. "Avaliação iluminativa: uma abordagem no estudo de programas inovadores". In BARBETTI, Maria Helena; AZEVEDO, Maria Amélia e SOUZA, Clarilza P. Avaliação de programas educacionais — vicissitudes, controvérsias e desafios. Cadernos interativos *Cadernet*, n. 1, 2000.

PEREIRA, Potyara A. "Mudanças estruturais, política social e papel da família: crítica ao pluralismo de bem-estar". In: SALES, Mione A.; MATOS, Maurílio C. e LEAL, Maria Cristina (orgs.). *Política social, família e juventude: uma questão de direitos*. São Paulo: Cortez, 2004.

PERES, Vannúzia L. A. "Desenhos de família". In: SOUSA, Sônia e RIZZINI, Irene (orgs.). *Desenhos de família. Criando os filhos: a família goianiense e os elos parentais*. Goiânia: Cânone Editorial, 2001.

PILOTTI, Francisco e RIZZINI, Irene (orgs.). *A arte de governar crianças*. Rio de Janeiro: EDUSU, AMAIS Ed., 1995.

PREFEITURA DA CIDADE DE SÃO PAULO. Secretaria Municipal de Assistência Social. *Reordenamento de abrigos infanto-juvenis da cidade de São Paulo: construção da política interinstitucional de defesa dos direitos da convivência familiar e comunitária das crianças e adolescentes de São Paulo*. São Paulo: SAS, 2004.

PREFEITURA DA CIDADE DO RECIFE. *Travessia: Programa de Acolhida e Atenção Integral às crianças, adolescentes e adultos em situação de rua e risco*. Recife: Prefeitura do Recife/IASC//Travessia, 2000.

PRESIDÊNCIA DA REPÚBLICA; SECRETARIA ESPECIAL DE DIREITOS HUMANOS; MINISTÉRIO DO DESENVOLVIMENTO SOCIAL E COMBATE À FOME. *Plano Nacional de Promoção, Proteção e Defesa do Direito de Crianças e Adolescentes à Convivência Familiar e Comunitária*. Brasília/ DF, dezembro de 2006.

PRIORI, Mary. *História da criança no Brasil*. 2. ed. São Paulo: Contexto, 1992. (Caminhos da História).

PROJETO Alternativas de Atendimento aos Meninos de Rua. *Paulo Freire & educadores de rua: uma abordagem crítica*. 2. ed. Brasília: UNICEF/SAS/FUNABEM, 1987.

REDE RIO CRIANÇA. *Plano Estratégico Trienal 2005-2007*. Rio de Janeiro, jun./2004.

RELATÓRIO do Seminário Metropolitano Pró-Convivência Familiar e Comunitária. Prefeituras de Camaragibe, Jaboatão dos Guararapes, Olinda e Recife. Olinda, 21 e 22 de março de 2006.

RHAMAS/IPAS — Redes Humanizadas de Atendimento às Mulheres Agredidas Sexualmente. *Porque atender em redes: papel das redes sociais primárias, secundárias e intermediárias frente a violência contra a mulher*. (http://www.ipas.org.br/rhamas/index.html — consulta em 4/6/2005).

RIZZINI, Irene (org.). *A criança no Brasil hoje, desafio para o terceiro milênio*. Rio de Janeiro: Ed. Universitária Santa Úrsula, 1993.

______. *O século perdido: raízes históricas das políticas públicas para infância no Brasil*. Rio de Janeiro: Petrobrás-BR/Ministério da Cultura/USU Ed. Universitária, 1997.

______. "Urban children and families in distress: global trends and concerns". In SMITH, Anne et al. (eds.). *Advocating for children. International perspectives on children's rights*. Dunedin, New Zealand: Children's Issues Centre at the University of Otago, 2001, pp. 176-190.

RIZZINI, Irene e RIZZINI, Irma. "'Menores' institucionalizados e meninos de rua: os grandes temas de pesquisa na década de 80". In: FAUSTO, A. e CERVINI, R. (eds.). *O trabalho e a rua: crianças e adolescentes no Brasil urbano dos anos 80*. São Paulo: Cortez, 1991.

RIZZINI, Irene e RIZZINI, Irma. *A institucionalização de crianças no Brasil*. Percurso histórico e desafios do presente. Rio de Janeiro: Editora PUC-Rio/Loyola, UNICEF, CIESPI, 2004.

RIZZINI, Irene et al. *Vida nas ruas — crianças e adolescentes nas ruas: trajetórias inevitáveis?* Rio de Janeiro: Loyola/Ed. PUC-Rio, F. Terre des hommes, CIESPI, 2003.

RIZZINI, Irene; BARKER, Gary (orgs.). *Crianças, adolescentes e suas bases de apoio*. Rio de Janeiro. Ed. USU, 2001.

RIZZINI, Irene; BARKER, Gary e CASSANIGA, Neide. *Criança não é risco, é oportunidade*. Rio de Janeiro: USU, 2000.

RIZZINI, Irene; BARKER, Gary e ZAMORA, Maria Helena (orgs.). "O social em questão". *Revista do Programa de Mestrado de Serviço Social da PUC-Rio*. Rio de Janeiro, Programa de Mestrado Serviço Social, n. 7, 2002.

SARTI, Cynthia. "Família e individualidade: um problema moderno". In CARVALHO, Maria do Carmo B. *A família contemporânea em debate*. São Paulo: Cortez, 2002.

SCHLITHLER, Célia Regina Belizia. *O processo de formação de facilitadores de Redes Sociais*, setembro de 2003 (www.rits.org.br — consulta em 7/6/2005).

SCHUERMAN, John; RZEPNICKI, Tina e LITTELL, Julia. *Putting familiaes first. An experiment in family preservation*. New York: Aldine de Gruyter, 1994.

SECRETARIA MUNICIPAL DE ASSISTÊNCIA SOCIAL. *Reordenamento de abrigos infanto-juvenis da cidade de São Paulo*: construção da política interinstitucional de defesa dos direitos de convivência familiar e comunitária das crianças e adolescentes de São Paulo. SPOSATI, Aldaíza (coord.). São Paulo: Secretaria Municipal de Assistência Social, SAS, 2004.

SEGALEN, M. Introduccion. *La famille en Europe: parenté et perpétutation familiae*. Paris. Editions La Decouverte, 1995.

SHANTI, George e OUDENHOVE, Nico. *Apostando al Acogimiento Familiar. Un Estudio Comparativo Internacional*. Traducción: María Soledad Franco. Amberes. Apeldoorn: Garant, 2003.

SILVA, Enid Rocha Andrade da (coord.). *O direito à convivência familiar e comunitária: os abrigos para crianças e adolescentes no Brasil*. Brasília: IPEA/CONANDA, 2004.

SOUSA, Sônia e RIZZINI, Irene. *Desenhos de família. Criando filhos: a família goianiense e os elos parentais*. Goiânia: Cânone Editorial, 2001.

UNICEF. Situação da Infância Brasileira 2006. Crianças de até 6 anos. O direito à sobrevivência e ao desenvolvimento. Brasília, 2005.

TRYGGED, Sven. *Moving away from residential care*. Stockholm: Stockholm University, 2004.

VALENTE, Jane (coord.). Colóquio Internacional sobre Acolhimento Familiar. *Sapeca*, Serviço Alternativo de Proteção Especial à Criança e ao Adolescente. Secretaria Municipal de Assistência Social. Campinas, 2004.

VASCONCELOS, Eduardo M. e MORGADO, Rosana. *Proposta conceitual do PAIF*. Subsídios analíticos e metodológicos na lógica do Sistema Único de Assistência Social — SUAS e do Programa de Atendimento Integral à família — PAIF/RJ. Rio de Janeiro: Governo do Estado do Rio de Janeiro/Secretaria de Estado da Família e da Assistência Social, 2005.

Bibliografia complementar

ADOPTION CENTRE, Sweden; Swedish Foundation for Abandoned Children. *Children in Residential Care. Projects for change*. Sweden, 2003.

BIB (ANPOCS). *A história social no estudo da família: uma excursão interdisciplinar*. 27: 51-73, 1989b.

CABRAL, Claudia. *Manutenção dos vínculos familiares: uma questão de direito e de dever*. Rio de Janeiro, 2004. (Mimeo.)

CAMPOS, Ângela Valadares Dutra de Souza. *O menor institucionalizado: um desafio para a sociedade*. Petrópolis: Vozes, 1984.

CENSO dos pacientes internados em uma instituição asilar no Estado do Rio de Janeiro: dados preliminares. *Cad. Saúde Pública*, v. 18, n. 6. Rio de Janeiro, nov./dez. 2002.

CENTRO DE ADOPCIÓN, SUÉCIA. *Los niños no deben crecer en instituciones. Estrategias para cambio*, 1999.

CERQUEIRA, Carinne; BOUERI, Patrícia e PELEIAS, Sandra S. *Prefeitura Social*. Rio de Janeiro: Secretaria Municipal de Desenvolvimento Social — SMDS, jul./2003.

DONZELOT, Jacques. *A polícia das famílias*. Trad. M. T. da Costa Albuquerque. Rio de Janeiro: Ed. Graal, 1980.

FALEIROS, Eva. *O abuso sexual contra crianças e adolescentes: os (des)caminhos da denúncia*. Brasília: Secretaria Especial de Direitos Humanos, 2003.

FÁVERO, Eunice T. *Rompimento dos vínculos do pátrio poder*. São Paulo: Veras Editora, 2001.

FONSECA, Claudia. "Criança, família e desigualdade social no Brasil". In RIZZINI, Irene (org.). *A criança no Brasil hoje: desafio para o terceiro milênio*. Rio de Janeiro: Editora Universitária Santa Úrsula, 1993.

FRANCO, Abigail Aparecida de Paiva. *A família acolhedora na comarca de Franca: análise crítica do processo de implantação*. Tese de doutorado. Franca: Unesp, 2004.

FREITAS, Marcos Cezar de (org.). *História social da infância no Brasil*. São Paulo: Cortez, 1997.

FREYRE, Gilberto. *Casa grande e senzala — formação da família brasileira sob o regime da economia patriarcal*. Rio de Janeiro: José Olympio, 1978.

GOFFMAN, Erving. *Manicômios, prisões e conventos*. São Paulo: Perspectiva, 1961.

GOVERNO DO ESTADO DO MATO GROSSO DO SUL, Secretaria de Estado de Trabalho, Assistência Social e Economia Solidária. *ABC da família: atenção básica ao cidadão e à família*. Campo Grande, 2003.

GUEDEZ, Sônia Helena Paz. *A prática do Serviço Social em abrigo provisório: o caso do Eapi*. Belém: Universidade da Amazônia — Unama, Pará, 1994 (Monografia, Departamento de Serviço Social), 1994.

GUERRA, Viviane Nogueira de Azevedo. *Violência de pais contra filhos: a tragédia revisitada*. 4. ed. revista e ampliada. São Paulo: Cortez, 2001.

INSTITUTO DE ESTUDOS ESPECIAIS, CENTRO BRASILEIRO PARA A INFÂNCIA E ADOLESCÊNCIA. Trabalhando com famílias. *Cadernos de Ação*, n. 1, São Paulo, IEE/PUC-SP, CBIA-SP, mar./1992.

INSTITUTO PARA DESENVOLVIMENTO SOCIAL (Portugal). *Crianças e jovens que vivem em lar. Caracterização sociográfica e percursos de vida*. Lisboa, Instituto de Desenvolvimento Social, 2000.

INSTITUTO PROMUNDO — CIESPI (Centro Internacional de Estudos e Pesquisas sobre a Infância). *Cuidar sem violência todo mundo pode*. Guia prático para famílias e comunidades. Rio de Janeiro, 2003.

LUNA, Matilde. *Vínculos en la infancia: nuevas contribuciones al acogimiento familiar*. Buenos Aires: Editorial Distribuidora Lumen, 2005.

MARCILIO, Maria Luiza. "Amas-de-leite mercenárias e crianças expostas no Brasil oitocentista". In *Olhares sobre a criança no Brasil — séculos XIX e XX*. Rio de Janeiro: EDUSU, 1997.

McSHERRY, Dominic e IWANIEC, Dorota. *Cross-national review of residential care*. Belfast: Institute of Child Care Research, Queen's University Belfast, sept./2002.

MINISTRY OF FOREIGN AFFAIRS. *Children in institutions*. Estocolmo: International Development Corporation, 2001.

MINUCHIN, Patrícia; COLAPINTO, Jorge e MINUCHIN, Salvador. *Trabalhando com famílias pobres*. Trad. Magda França Lopes. Porto Alegre: Artes Médicas Sul, 1999.

MOTTA, Maria Antonieta Pisano. *Mães abandonadas: a entrega de um filho em adoção*. São Paulo: Cortez, 2001.

PEREIRA, Potyara A. P. *A assistência social na perspectiva dos direitos*: crítica aos padrões dominantes de proteção aos pobres no Brasil. Brasília: Thesaurus, 1994.

______. *Necessidades humanas: subsídios à crítica dos mínimos sociais*. São Paulo: Cortez, 2000.

PRADA, Cynthia Granja. *A família, o abrigo e o futuro: análise de relatos de crianças que vivem em instituições*. Curitiba: Universidade Federal do Paraná, Departamento de Psicologia. Dissertação de mestrado, 2002.

PRESIDÊNCIA DA REPÚBLICA, Secretaria Especial de Direitos Humanos, Ministério da Educação. *Guia escolar: uma década de lições aprendidas. Métodos para identificação de sinais de abuso e exploração sexual em crianças e adolescentes*. Brasília, 2003.

RELATÓRIO do Censo Clínico e Psicossocial da População Abrigada no Centro Integrado para Crianças e Adolescentes Portadores de Deficiência Oswaldo Aranha

— Barra do Piraí (CICAPD). Rio de Janeiro: Secretaria de Saúde do Estado do Rio de Janeiro, NUPPSAM e FIA, com a colaboração do MOTE, nov./2002.

RIZZINI, Irene. *A criança e a lei no Brasil*. Rio de Janeiro: USU Ed. Universitária, 2002.

______. A internação de crianças em estabelecimentos de menores: alternativa ou incentivo ao abandono? *Espaço*. Cadernos de Cultura. Rio de Janeiro: EUDUS, 1985.

______. *Assistência à infância no Brasil: uma análise de sua construção*. Rio de Janeiro: Ed. Universitária Santa Úrsula, 1993.

RIZZINI, Irene; SOARES, Alexandre; CALDEIRA, Paula e equipe. *Crianças e adolescentes e as instituições de abrigamento* (Children and youth in institutional care in Rio de Janeiro). Rio de Janeiro: CIESPI. Relatório apresentado ao Chapin Hall Center for Children, University of Chicago, out. 2002.

RIZZINI, Irma; CASTRO, Mônica Rabello e SARTOR, Carla. *Pesquisando: guia de metodologias de pesquisa para programas sociais*. Rio de Janeiro: EDUSU, 1999.

ROMERO, Ana Maria Arenas et al. *Modelo de atención para alternativas de protección a ninõs, niñas y adolescentes*. 1. ed. San José, Costa Rica: Patronato Nacional de la Infancia, 2000.

ROQUE, Ludimila Pereira. *Estudo sobre a colocação de crianças em situação de risco em famílias acolhedoras: uma análise dos vínculos familiares em um projeto do município do Rio de Janeiro*. Dissertação (mestrado). Rio de Janeiro, 1998.

SAMARA, Eni. "Novas imagens da família 'à brasileira'". *Psicologia USP*, v. 3, ns. 1/2, 1992.

SARTOR, Carla Daniel. *Os caminhos da proteção à infância no Brasil: a influência do modelo Moncorvo Filho*. Mestrado em Serviço Social, Faculdade de Serviço Social. Rio de Janeiro: Universidade do Estado do Rio de Janeiro, 2001.

SILVA, Roberto da. *Os filhos do governo*. São Paulo: Ática, 1997.

STOCKHOLM Conference. *Child and residential care. New strategies for a new millenium*. 2nd International Conference. Stockholm: Stockholm University, The Swedish National Committee of ICSW, International Council on Social Welfare, Swedish National Committee for UNICEF, may 12-15, 2003.

WEBER, Lídia Natalia D. *Os filhos de ninguém: abandono e institucionalização de crianças no Brasil*. São Paulo: Conjuntura Social, jul./2000.

Programas consultados pela equipe de pesquisa

Acolhimento familiar

Família Acolhedora (Rio de Janeiro-RJ)

Fundo Rio — Secretaria Municipal de Assistência Social da Prefeitura da Cidade do Rio de Janeiro

Praça Pio X, 119, 6º andar, Centro — sede Fundo Rio

htpp/www.rio.rj.gov.br/smas/Frfamília.html

CEP 20.091-020 Tel.: (21) 2286-0866 — ABTH

Família Acolhedora (Belo Horizonte-MG)

Prefeitura de Belo Horizonte

Av. Afonso Pena, 1.212

Belo Horizonte-MG

CEP 30.130-908. Tel.: (31) 3277-4148 Geral: 156 Fax: (31) 3224-3099

Família de Apoio (Franca-SP)

Secretaria Municipal de Desenvolvimento Humano e Ação Social

Rua Professor Geraldo Foroni, 705 — Parque Três Colônias

CEP 14.401-024 Tel.: (16) 3711-9313

crianca_saspp@franca.sp.gov.br

Tel.: (16) 3711-9306

Família de Apoio (São Bento do Sul-SC)

Serviço Social da Comarca de São Bento do Sul — Secretaria de Desenvolvimento Comunitário da Prefeitura de São Bento do Sul

Tel.: (47) 631-1906/631-6136

ilfb7001@tj.sc.gov.br

www.gerandoamor.org.br

SAPECA — Serviço Alternativo de Proteção Especial à Criança e ao Adolescente (Campinas-SP)

Secretaria Municipal de Assistência Social

Av. José de Souza Campos, 1.600 (via norte sul), bairro Nova Campinas

CEP 13.092-123 Tel.: (19) 3294-7384

www.campinas.sp.gov.br

sapeca@campinas.sp.gov.br

Família Guardiã (São Paulo-SP) (projeto não implementado)

Secretaria Municipal de Assistência e Desenvolvimento Social da Prefeitura de São Paulo

Rua Líbero Badaró, 561, Sé

São Paulo-SP

CEP 01.008-000 Tel.: (11) 3291-9666 Fax: 3241-4266

http://www.mp.sp.gov.br/caoinfancia/legisla/municipal

Instituto Amigos de Lucas (Porto Alegre-RS)

Instituto Amigos de Lucas

Rua Moura Azevedo, 448, conj. 13

Porto Alegre-RS

CEP 90.230-150 Tel.: (51) 3222-3878

amigoslucas@cpovo.net

Acolhimento institucional e reinserção familiar

Apadrinhamento Afetivo de Crianças e Adolescentes Abrigados (Campinas-SP)

Centro Municipal de Proteção à Criança e o Adolescente da Prefeitura de Campinas

Rua Gil Vicente, 533, Parque Taquarai

Campinas-SP

CEP 13.087-030 Tel.: (19) 3241-8862

Casa de Acolhida Temporária Andaluz (Recife-PE)

Instituto de Ação Social e Cidadania — Secretaria da Política de Assistência Social da Prefeitura de Recife

Rua Conde de Irajá, 894

Recife-PE

CEP 50.710-310 Tel.: (81) 3227-4562

Casa do Piá (Curitiba-PR)

Fundação de Ação Social da Prefeitura de Curitiba

Av. Prefeito Omar Sabbag, 1191, Jardim Botânico

Curitiba-PR

CEP 80.210-000 Tel.: (41) 363-6023

Casa das Meninas Novo Mundo — Abrigo Oficial Nível I (Curitiba-PR)

Fundação de Ação Social da Prefeitura de Curitiba

Rua Adelino Leal Nunes, 68, Novo Mundo

Curitiba-PR

CEP 81.020-080 Tel.: (41) 246-3369

Programa Sentinela (Niterói-RJ)

Secretaria Municipal de Assistência Social da Prefeitura de Niterói

Rua Coronel Gomes Machado, 279, Centro

Niterói-RJ

CEP 24.020-111 Tel.: (21) 2613-2943

sentinela.niteroi@ig.com.br

Projeto Estrela Guia (Recife-PE)

2ª Vara da Infância e da Juventude de Recife

Rua Fernandes Vieira, 405, Boa Vista

Recife-PE

CEP 50.050-200 Tel.: 81-3421-5080

vinfjuv2@tjpe.gov.br

Lua Nova (ONG) (Araçoiaba da Serra-SP)
Escritório: Rua Salvador Correa, 574, Vergueiro
CEP 18.030-130
Sorocaba-SP
Casa: Rua José Batista Martins, 170, Mirantes de Ipanema
Araçoiaba da Serra-SP
CEP 18.190-000 Tel.: (15) 3231-0878/3234-5976
a.luanova@terra.com.br

Casa de Acolhida Novella (ONG) (Belo Horizonte-MG)
Av. Professora Gabriela Varela, 578, Jardim Felicidade
Belo Horizonte-MG
CEP 31.765-250 Tel.: (31) 3434-9390/3433-7293
casanovella@zaz.com.br/casa_novella@yahoo.com.br
http://www.casanovella.com.br

Grupo Operativo de Desabrigamento (Olinda-PE)
Secretaria Municipal de Políticas Sociais da Prefeitura de Olinda
Ladeira da Sé, 143, Carmo
Olinda-PE
CEP 53.120-101 Tel.: 81-3439-4671 Fax: 3439-3998

MOTE — Movimento Terapêutico — (Rio de Janeiro-RJ)
Rua Dois de Dezembro, 119, Sobrado, Largo do Machado
Rio de Janeiro-RJ
CEP 22.220-040 Telefax: (21) 2225-7345
www.mote.com.br

Lar Maria Dolores e Meimei (abrigo não-governamental) (Duque de Caxias-RJ)
Rua Lauro Sodré, lotes 21 e 22, quadra 23, Vila Rosário
Duque de Caxias-RJ
CEP 25.040-060 Tel.: (21) 3134-9987 Fax: 3134-0974
mariadoloresemeimei@uol.com.br

Lar Fabiano de Cristo (organização não-governamental) (Rio de Janeiro-RJ)
Rua dos Inválidos, 34, Centro
Rio de Janeiro-RJ
CEP 20.231-044 Tel.: (21) 3806-8646/8644/8643 Fax: (21) 3806-8649
sede.direcao@lfc.org.br
http://www.lfc.org.br/site/

Projeto Membira (Belém-PA)
Passagem Alberto Engelhard, 35A (altos), São Brás
Belém-PA
CEP 66.040-520 Telefax: (91) 3226-1641/8116-1962
Programas de apoio à família ou apoio a crianças e adolescentes em situação de risco na família

Grupo Viva Rachid (ONG) (Recife-PE)
Rua dos Prazeres, 258, Boa Vista
Recife-PE
CEP 50.070-570 Tel.: 81-3221-6206
grupovivarachid@ig.com.br

Associação Excola (Rio de Janeiro-RJ)
Projeto Jovens Mães em Situação de Rua
Av. General Justo, 275/217, Castelo, Centro
Rio de Janeiro-RJ
CEP 20.021-130 Tel.: (21) 2517-3315/2517-3318
excola@excola.org.br

Associação Brasileira Terra dos Homens (ONG) — (Rio de Janeiro-RJ)
Projeto Reintegração no Contexto de Rua
Av. General Justo, 275, sala 514, Centro
Rio de Janeiro-RJ
CEP 20.021-130 Tel.: (21) 2286-0866
www.abth.org.br

Centro Dom Helder Câmara de Estudos e Ação Social — CENDHEC (ONG) (Recife-PE)

Rua Gervásio Pires, 921
Recife-PE
CEP 50.050-070 Tel.: (81) 231-3654
cendhec@terra.com.br

Olinda Alerta (Projeto Sentinela) (Olinda-PE)

Secretaria Municipal de Políticas Sociais da Prefeitura de Olinda
Ladeira da Sé, 143, Carmo
CEP 53.120-101 — Olinda-PE
Tel.: (81) 3439-4671 Fax: (81) 3439-3998

Associação Municipal de Assistência Social — AMAS (ONG) (Belo Horizonte-MG)

Av. Afonso Pena, 4.000, térreo, Mangabeiras
Belo Horizonte-MG
CEP 30.130-009 Tel.: (31) 3277-5154 Fax: 3277-5286
comunicacao@amas.org.br

Programas Sociais da Prefeitura Municipal de Belo Horizonte — (Belo Horizonte-MG)

Secretaria Municipal de Assistência Social
Av. Afonso Pena, 1.212
Belo Horizonte-MG
CEP 30.130-908
Tel.: 55.31.3277-4148 Geral: 156 Fax.: 31.3224-3099

Serviço de Orientação, Apoio e Proteção Sócio-Familiar — SOAPSF — (Belo Horizonte-MG)

Secretaria Municipal de Assistência Social da Prefeitura de Belo Horizonte
Av. Afonso Pena, 1.212
Belo Horizonte-MG
CEP 30.130-908
Tel.: (31) 3277-4148 Geral: 156 Fax: 3224-3099

Garantia de direitos e articulação em rede

Rede Municipal de Atenção Integral à Criança e ao Adolescente de Niterói

Conselho Tutelar de Niterói

Rua Coronel Gomes Machado, 257, Centro

Niterói-RJ

CEP 24.020-111 Tel.: (21) 2717-4555/26224066/26228453

Rede de Proteção a Crianças e Adolescentes da Grande Porto Alegre

Fundação de Assistência Social e Cidadania da Prefeitura de Porto Alegre, associada às Prefeituras de Alvorada, Cachoeirinha, Canoas, Esteio, Gravataí e Viamão

Av. Bento Gonçalves, 255, bairro Azenha

Porto Alegre-RS

CEP 90.650-002 Tel.: (51) 3289-4900/2105-4900 Fax: 3217-4044

fasc@fasc.prefpoa.com.br

www.portoalegre.rs.gov.br/rededeprotecao

Secretaria de Políticas Sociais. Prefeitura Municipal de Olinda — (Olinda-PE)

Rua Caetano Ribeiro, 436, Casa Caiada

Olinda-PE

CEP 53.130-440 Tel.: (81) 3492-9430 Fax: 3492-9598

gabinetesps@yahoo.com.br

Conselho Tutelar 3 — Vila Isabel CR 2.2 (Rio de Janeiro-RJ)

Rua Conde de Bonfim, 267, 2º andar, Tijuca

CEP 20.560-200 Tel.: (21) 2569-5722/9719-5413/9634-8214

Rio de Janeiro-RJ

Rede Rio Criança (Rio de Janeiro-RJ)

Av. General Justo, 275, sala 317, bloco B, Centro

CEP 20.021-130 Tel.: (21) 2240-2318/2240-0281

Rio de Janeiro-RJ

Sobre as autoras

IRENE RIZZINI — Socióloga, Doutora pelo Instituto Universitário de Pesquisa do Rio de Janeiro (IUPERJ), graduada em Psicologia e Mestre em Serviço Social (Universidade de Chicago). Professora e pesquisadora da PUC-Rio (Departamento de Serviço Social) e Diretora do CIESPI (Centro Internacional de Estudos e Pesquisas sobre a Infância). Em âmbito internacional, é Presidente da Rede Internacional de Intercâmbio de Pesquisa na Área da Infância (Childwatch International Research Network, Noruega). Irene Rizzini tem coordenado diversos projetos de abrangência nacional e internacional. Entre suas principais publicações, estão: *O século perdido; A criança e a lei no Brasil: revisitando a história (1822-2002); Desenhos de família; Children and globalization* (Kluwer, NY); *From street children to all children: improving the opportunities of low income urban children and youth in Brazil* (Cambridge University Press); *Vida nas ruas: trajetórias de vida de crianças e adolescentes nas ruas do Rio de Janeiro; A institucionalização de crianças no Brasil: percurso histórico e desafios do presente. Niños e adolescentes creciendo en contextos de pobreza, marginalidad y violencia en América Latina.*

IRMA RIZZINI — Psicóloga, Doutora em História Social pela Universidade Federal do Rio de Janeiro; professora da Faculdade de Educação da UFRJ e pesquisadora convidada do CIESPI (Centro Internacional de Estudos e Pesquisas sobre a Infância) para a realização desta pesquisa. É autora/co-autora de diversos livros e artigos sobre infância e adolescência no Brasil, entre eles: *Guia de metodologias de pesquisa para programas sociais, Assistência à infância no Brasil: uma análise de sua construção; A institucionalização de crianças no Brasil: percurso histórico e desafios do presente; O surgimento das instituições especializadas na internação de menores delinqüentes; Os pequenos trabalhadores do Brasil; Crescer* *em família: revisitando concepções e práticas com vistas à promoção do direito à convivência familiar e comunitária.*

LUCIENE ALVES MIGUEZ NAIFF — Psicóloga, Doutora em Psicologia pela Universidade do Estado do Rio de Janeiro, pesquisadora associada ao Centro Internacional de Estudos e Pesquisas sobre a Infância (CIESPI), coordenadora de projetos da Associação Excola e professora do Mestrado em Psicologia Social da Universidade Salgado de Oliveira (UNIVERSO). Luciene Naiff vem coordenando diversos projetos sociais voltados ao atendimento a crianças e adolescentes no Municipio do Rio de Janeiro. É autora de diversos artigos, entre eles: *Medida de proteção em abrigos para adolescentes: construindo ações autonômas e* co-autora do artigo *Crescer em família: revisitando concepções e práticas com vistas à promoção do direito à convivência familiar e comunitária; A favela e seus moradores: culpados ou vítimas? Representações sociais em tempos de violência.*

RACHEL BAPTISTA — Psicóloga, Mestre em Serviço Social pela PUC-RJ, assistente de pesquisa do projeto que originou este estudo do CIESPI (Centro Internacional de Estudos e Pesquisas sobre a Infância). Rachel Baptista contribuiu para as seguintes publicações: *Cuidar sem violência todo mundo pode* (*guia prático para famílias e comunidades*, e *A casa dos três filhos*. Rio de Janeiro: Instituto Promundo/CIESPI). É co-autora do artigo *Crescer em família: revisitando concepções e práticas com vistas à promoção do direito à convivência familiar e comunitária.*

CLAUDIA CABRAL — Psicóloga, Diretora Executiva da Associação Brasileira Terra dos Homens. Mestre em Pedagogia pela Universidade Católica de Paris. Especialista em Terapia de Família. Consultora do Unicef Brasil no tema da Convivência familiar e Comunitária. Consultora do Serviço Social Internacional de Genebra — SSI. Membro da IFCO — International Foster Care e da Relaf — Rede Latino-Americana de Acolhimento Familiar. Entre as publicações que coordenou, estão: *Minha vida mudou — reintegração familiar de criança e adolescente em situação de rua; Acolhimento familiar: experiências e perspectivas; Colóquio Internacional sobre Acolhimento; Série em Defesa da Convivência Familiar e Comunitária; Cuidar de quem cuida: reintegração familiar de crianças e adolescentes em situação de rua.*